難しい

そもそもやらない…

苦手

センスがない

面倒

すべて解決！

メイクが喜びに変わる答え

美塾塾長
内田裕士

大和書房

はじめに

あなたが女性で、現在、美容に関して悩んでいたり、迷っていたり、不安であったりしているとしたら……、**間違いなく、間違っています。**

なぜなら、女性にとって**美容は喜びでしかないから**です。

よーーーく考えてみてください。そう思いませんか？

美容で女性が苦しんだり、自信をなくしたりしているのって本当におかしなことなんですよ。そんなことしなくていいんです。

完全に勘違い、思い込みです。言い切れます。約束します。

もし、この本を読んでちっとも価値観が変わらなかったら、僕に会いに来てください。お詫びをして交通費も含めて返金します。

「なんでわざわざ会いに行かなきゃいけないのよ」

と思われました方は、お名前とご連絡先とお振込先を記載して、本を郵送していただけましたらご返金いたします。
これ、本当です。逃げも隠れもいたしません。

僕はどうしても女性たちにそこに気づいてほしくてですね、いてもたってもいられなくて、この本を書きました。

本書を書くにあたり、多くの女性が日々考えているメイクや美容に対して抱いている疑問を、実際にたくさん集めてみました。

そして、僕がその質問に答えながら進めていく形をとることで、皆様にとって、より生々しい活きた情報となるよう努めました。

たとえるなら、後ろから抱きしめるビューネ君（古いっ！）の気持ちで、思いもよらぬ角度からハートフルにお答えしていきますから、読んでいてハッとしたり、とくん……としたり、胸キュンしたり、胸アツしながら、目が覚めるような体験があるかと思います。

……と思いきや、**後ろからハリセンで叩かれるような、少し手厳しくも清々しい目覚めを体験することもあるかもしれません。**


女性にとって美容は喜びでしかないもの。

今は信じがたい方も、本書を読み終えたときには、僕が決めつけている夢みたいな考えが、本当に間違いなかったと実感していただけることでしょう。

こちらをお読みいただき、「いやいや、もうわかるわよ！　うんわかる！　女性にとって美容は喜びでしかないものよ！」

と思い、みんなにも同じ気持ちになってほしいという方は、ぜひ、ここに書いてあることをまわりの方に伝えてみてください。

「いやいや、もうわかるわよ！　うんわかる！　女性にとって美容は喜びでしかないものよ！」

と思うけど、別にみんなは同じ気持ちにならなくてもいいという方は……

「けちんぼ！」

ウソです……（笑）。

きっとまた違った役割がおありかと思いますので、持ち場をお願いいたします。

共にこの世界のために頑張ってまいりましょう。

女性にとって美容は喜びでしかないもの。

僕は、今の時点ですでに絶対にそうだと言い切れるし、それを言い切れるだけの結果はこの13年の活動で、実際に目の前に広がっています。

そして、全員がそうだと言い切れるまで美容は進化し続けるべきだし、美容家たちはその方向に美容業界をけん引すべきだと思います。

他でもないあなたやあなたの大切な方が、一日も早く、そう思える日を迎え、寝ても覚めても幸せな日々を生きてほしいものです。

「いや、もう私すでに寝ても覚めても幸せな毎日よ？」

という方。素晴らしいです。意外とまだ少ないんですよ、そう思える方は。

ですから、そういう方がいらっしゃいましたら、ぜひみんながそう思えるようになるために、何かしらの方法を使って、提供者として一緒に何かしましょう！

内田か美塾までご連絡お待ちしております。本気です（笑）。


さあ、それでは始めてまいりましょう。

ちなみに僕とこの本は、あなたに一生解けない魔法をかけるのではありません。

そんなカッコつけたこと言えませんし、できません。


僕は、あなたにずっとかかっていた魔法を解きに来たのです。

（もっとカッコつけたったわ……）

CONTENTS

Part 5

「くずれないメイクが知りたい」

Part 6

「結局、私たちはどう美しくなればいいの？」

Part 1

「メイクが上手にできない」

tips_01

ズボラメイクがスタンダードになる

Q「ズボラ向けのメイクが知りたい」

ズボラ……。

あなたはきっと真理に片足を突っ込んでいますね。鋭いです。

大切なことに気づいているかもしれません。

ズボラでいいならそれがいいという思いは、ある面では多くの女性が同じ気持ちだと思うのです。

そもそもみんなズボラなんかじゃなくて、これまでのメイクの基本が、ほとんどの人に「これはできない」と思わせてきたと思うんです。基本があまりに完璧さを求められるため、難しいのです。

日本人をのぞいた、世界中の多くの女性のメイクが習慣化されていないのには、そういった「難しさ」が大きな原因にもなっているのではないかと思います。

たとえば、一つ具体的なノウハウを事例に考えてみましょう。
「肌の色に合ったファンデーションを顔に均一の厚さで塗る」
このたった一行で済んでしまうベースメイクの基本的な考え方が、じつは奇跡のように難しいわけです。

まず、あなたの肌色と同じ色のファンデーションは世界中どこを探してもありません。
言い切れます。神に誓って、おまえ一筋です（中川ケン風に）。

なぜそんなことが言い切れると思います？

それは……

あなたの肌色は1色ではないからです。

そう、あなたの肌色は、
無数の色たちの複雑な配列によって構成されています。

気づいていましたか？

ですから、1色で表せるわけがないのです。

あなたの肌色は、世界一のグラフィックデザイナーも表現できない神秘的なデザインなのです。色を均一にしちゃったら、もったいなさすぎると思えてきませんか？

また、「ファンデーションを顔に均一の厚さで塗る」こちらに関してもですが、これはつまり、「顔という、入り組んでいて、かつ圧力により形状が変化する物体の表面に、液状の物を均一の厚さで塗る」ということですよね。

これなんて、あっさり書いていますけど、正直左官職人でも難しいですよ。とてもじゃないけど、気が遠くなるような話です。

しかも、やっと上手く塗れたとしても、均一な色をした、つまらない顔になるだけです。

ほとんどの人が毎日やっていて、ほとんどの人が、上手くできている気がしない、あるいは確信が持てていないということは、みんなは悪くないということだと思うんです。

僕はメイクが悪いんだってことに気づいたんです。

ですから、僕はメイクのスタンダードが変わるべきだと思っています。

ズボラメイクは、じつはズボラじゃないんです。これからのスタンダード、ニュースタンダードなメイクなのです。

ニュースタンダードが、ズボラさんでもできるくらいシンプルでキレイになれる方法になるということなのです。

それはどんな方法なのか、同じファンデーションを例にさらに具体的にご紹介いたしましょう。

ニュースタンダードのメイク方法では、ファンデーションの色を、顔の色には合わせようとしていませんし、顔全部にも塗りません。

A、塗るとキレイになれて、しかも塗りました感が出ないのはどこか？
B、塗ってもキレイになれなくて、かつ塗りました感が出てしまうのはどこか？

を考えて、ファンデーションを塗るのです。


「何よ⁉　余計難しいじゃない‼」

というお声が聞こえてきそうですが、ご安心くださいませ。

この考え方は、難しいのではなく、頭を使わなくてはいけないだけです。


これまでのメイクは、手先が器用でセンスのいい人しかできないメイクだったのです。

ニュースタンダードなメイクは、頭、目、そして何よりハートを使うメイクです。

ちょっと意地悪な答えかもしれませんが、「ファンデーションを顔のどこに塗るとキレイになれて、どこに塗るとキレイになれないのか？」を考えながら、ファンデーションを塗ってみてください。

あなたのメイクに覚醒が始まることでしょう。

あ、さすがに手がかかりが少ないとお思いでしょうから、一つヒントを言いますね。

髪の毛の生え際とフェイスラインは塗らないほうがいいですよ。

顔のパーツまわり、鼻まわりや目まわり、口まわりは、塗っても塗りました感が出ない割に、お肌自体がキレイに見えます。

ぜひ、こちらのヒントを元に試してみてください。


こちらのファンデーションのテクニックに限らず、ニュースタンダードでは、すべての箇所において、テクニックと所作の見直しをしております。

修得した方は、3分でフルメイクができるようになります。

それも所作はとても美しく、見ている人が涙するほどです。

A.

ズボラメイクが求められるほど、今のスタンダードが複雑で難しすぎる。

tips_02

撮影がない人に
アイラインはいりません

「アイラインが引けません」

アイラインなんて、僕も上手に引けないです。

非常に有機的で自然な形をした、直線など一本も存在しない顔に、キレイでかつ顔や目の形にあった線を、左右バランスよく、それも毎日引くという拷問のような日々から、一刻も早く抜け出すべきです。


しかも、**アイラインの効力が最も発揮されるのは写真撮影においてなのです。**

つまり、二次元表現で、静止した状態においては、アイラインによって三次元では到底実現不可能なヴィジュアルを実現させることができます。

それをいろいろと忙しい女性の日常において、さらには動き回る日々において、常に美しくいたいと考えたとき、アイラインを引くという選択肢は、ほとんどの魅力において消えていきます。

もちろん、アイラインが大好きで、仕上がりに手応えを感じている方に無理にやめなさいとは言いませんよ（ただ、客観的なフィードバックはもらったほうがいいとは思います）。現に、「このラインなら引くに値する」と思える仕上がりの女性は何人もいらっしゃいます。

僕は、息を止めて、リキッドのアイラインを右目に引いて、「う！」っとちょっと太くなって、仕方なく、左目のアイラインをもう少し太くしようとして、「う！」っとちょっと太くなって、仕方なく、右目のアイラインをもう少し太くしようとして、「う！」っとちょっと……以下省略（無限ループ）。


あの無限ループから一生解放されたんです。いいでしょ？

あなたもそんな神経をすり減らすメイクはもうやめちゃいませんか？

僕たちは、**基本的に目の際に線を引きません**。

では何をするのかというと、アイラインというには、ぼやけていて、線になっていない感じ。だからと言って、アイシャドウと呼ぶには際だけに集中したかなり濃い線みたいな、そんなアイラインとアイシャドウの中間のようなテクニックを編み出し、ほとんどの方にそのテクニックを勧めています。

黒や茶色や濃い目のグレイを、細くて毛足の短いブラシで、目の際にブミブミ入れていきます。

ブミブミ入れるから「**アイブミー**」っていう新しいジャンルの名前をつけました。

アイシャドウ、アイブミー、アイライン

といった感じで、新しい仲間が加わりました♪

この新しいカテゴリーで、メイクが一気に簡単になったという方がたくさんいらっしゃいます。

ユーチューブで「アイブミー」と検索していただいたら、動画も出てきますので。あなたもアイブミー、ぜひトライしてみてください。

A.

アイラインなんて僕も引けません。

tips_03

ついつけすぎちゃうのは、何かに取り憑かれているから

「アイシャドウをつける量がわからない。つい多くつけてしまいケバくなる」

目を開けたままアイシャドウをつけてみてください。

みんな目を閉じてアイシャドウをつけますよね。片目を閉じて、まぶたをピーーンとさせながら。そのときに、**目を閉じないで両目を開けたまま、そのままの顔でメイクをしてはどうか？** ということです。

鏡を目線の高さまで上げて、50センチくらい離して、自分の顔を見ます。

そしてその顔のままで、いいと思える仕上がりをまず完成させて、それから目を閉じて、塗れていないところを塗ってみてください。このやり方でだいぶ手応えを感じていただけるかと思います。

ただ、それにしても、考えてみたらおかしな話なんですよね。

この質問をくださった方に限らず、最初から最後まで自分でつけているのに、「つい多くつけてしまう」という経験がある方のほうが圧倒的に多いかと思います。

どうしてこういうことが起こってしまうのでしょうか？

それは（メイク用品すべてに言えることですが）、**アイシャドウを一手一手つけながら、その最中に、今つけたアイシャドウが自分をどう変化させたか、を見ていないから**なんです。

なんか塗り始めた途端、何かに取り憑かれたように、一手一手の経過を確認することなく、ひとしきり塗りまくって、そこでふと我に返って、「あれ？ つけすぎちゃった」となっていることがわかってきたのです。

この現象は、アイシャドウに限らず、メイクのほとんどすべてのアクションで起きています。特にファンデーションは強烈です。

試しに一度、自分がファンデーションを塗っている姿を動画撮影してみてください。

ファンデーションを顔につけた途端、何者かに取り憑かれているとしか思えない動きで、ひたすらファンデーションを塗りまくる尋常ではないあなたを見ることができるでしょう。

一手一手、最中にどうなったかを見るのです。

そして、直前の一手の仕上がりと変化を見てから、次の一手の動きを決めていくのです。

それができたら、今までいかに見ていなかったかがわかり、もう取り憑かれることはなくなるでしょう。

A.

「さてどうなった？」という顔で目を開けたまま、アイメイクをしよう！

tips_04

ファンデーションは
どこに塗らないか？ が重要

「厚くならないベースメイクが知りたいです！」

厚くならないベースメイクを心がけようとすると、自動的な思考として、ベースメイクを薄く塗ればいいんだ、という考え方になる方も多いかと思います。

以前テレビで、「ファンデーションに乳液を混ぜて全体に塗ると、さらに薄づきになる」という特集をやっていました。

それもいい考え方かもしれませんが、薄づきメイク、薄く塗ることによる最大の課題は、もはや塗っても変わらないという点です。

そこで僕は「厚くならない＝薄く」この方程式以外の方法を取りたいと思います。

それは、

どこに塗って、どこに塗らないか？です。

塗るべきところはしっかりと塗り、不要なところは潔く塗らない。

では、どこに塗ったらよくて、どこに塗ったらよくないのか？

この感覚を持ち、自ら養うことで、審美眼は一段と磨かれていき、頭はずっと働き続け、想像力は養われ、さらに賢くなります。


「それでつまり、どこに塗ったらよくて、どこに塗らないほうがいいの？」

という質問が、日本中から聞こえてきそうです。


ここはあえて答えを言いません。

今日から考えてみてほしいのです。鏡の自分をよーーく見てほしいのです。

そして試してみてほしいのです。

その目、その思考が、あなたをより賢くし、美しくします。

ヒントは、**「広く何もないところは、塗るといかにも塗りました感が出て、入り組んでいて、複雑なところと、皮膚の端は、塗りました感が出にくい」**です。

どうですかー？　ピンときましたかー？

さあ！　いろいろと試してみましょう!!

A.

自分をよーく観察して、メイクの方法を考え直す。

tips_05

眉はあなたを選んで生まれてきた

?「眉が上手く描けない。だんだん下手になっている」

眉を上手く描けない理由は、

1．理想をわかっていない。

2．理想を実現できない。

3．自分の骨格と本来生えている眉を理解していない。

4．眉の理想を「形」だと思っている。

この4つが主な原因だと考えられます。

まず1に関してですが、一度でいいから、「明らかにこれはキレイだ」と思えて、人からもキレイと言ってもらえるメイクをプロにしてもらって、それを360度ありとあらゆる角度から写真を撮って、動画も撮って、記録しておいて何度も見返すと、何がキレイなのかがわかってきます。

続きまして2に関しては、3と4を理解することによって解決していきます。

逆を言えば、自分の骨格と生えている眉を理解しておらず、眉の理想を「形」だと思っていることが、理想の眉を描けない原因でもあるということです。


もう少し詳しく説明していきますね。

自分の骨格ってどんな形しているか、把握していますか？

ちなみに、顔は丸くないってご存知でしたか？

じつは思ったより四角いんです（思ったよりですよ）。

それとですね、その骨格に対して、眉は適切に生えています。厳密に言えば、骨格と魅力に連動して眉が生えている、と言っても過言ではありません。

例外なく、それぞれの魅力に合った眉が間違いなく生えています。

つまり、

「あなたの眉の生え方は間違ってないよ！　あなたに合ってるんだよー！」

ということなのです。

「子は親を選んで生まれてきた」というお話はご存じでいらっしゃいますか？

産婦人科医の池川明先生がご著書でそう書いていらっしゃるのですが、僕はそれをもじって、このようなことを申し上げております。

「眉はあなたを選んで生まれてきた」

しかも、あなたがあなたらしく生きられるために、今回の天命をまっとうするために、最も必要な眉があなたの眉として降り立ってきてくれたのです。

ですから嫌がっている場合でもないし、改造している場合でもありません。

自分と眉との関係がわかれば（思い出せたら）、もう下手になるということはないと思います。どんどん好きになるし、どんどん上手くなります。

そして最後に、「**眉の理想を『形』だと思うのをやめる**」ということですが、意味がわかりにくい方もいらっしゃるかもしれません。

眉をよーーーーく見てください。眉って輪郭は曖昧ですよね？

どこからが眉で、どこからがうぶ毛かわからないですよね？

そうなんです。眉は形じゃないんです。

富士山ってご存じですよね？　はっきりと形を思い出せますよね？
でも富士山の端っこってご存じですか？　富士山の輪郭ってご存じですか？
曖昧ですよね？　それと一緒なんです。
輪郭が曖昧だと何が大きく変わるかといいますと、輪郭を取らなくていいんです。
そのまんまやんけ！　ごめんなさい。

でもよーく考えてみてくださいね。
眉ってのは輪郭が難しいんですよ。輪郭を描こうとして、ちょっとでも骨格に合っていないと、あっという間に変な顔になるんです。

眉が変だと、変な顔になるんです。

これは大変なことですよ。

輪郭を上手に描くのが難しかったんじゃなくて、輪郭を取るという最初の考え方自体が間違っていたわけですから、大事件です。

輪郭から解放されましょう。

それでは輪郭から解放されて、何を見て、何を気にして描いたらいいのでしょう？

じつは**眉は、人口密度の分布図と似ているんです**。

人口って中心に人が集まっていますよね。放射状にどんどん人口が減っていきますよね。人口は急に「ここから人住んでない！」って線はないですよね？

（あるとしても、避難区域エリアとか、そういった人工的なものだけですよね。つまり基本的に人口密度の分布図には、はっきりとした輪郭はないんです）

海岸線だって本当は輪郭曖昧ですよね。地図上の海岸線は、干潮時なの？ 満潮時なの？ さらには干潮時だとしても、波が来たとき？ 行った後？

そうですよね。便宜上、地図に線を引いただけで、本当は曖昧ですよね。

顔と首はどこからわかれるの？ そう、本当は曖昧ですよね？

そうなんです。眉に限らず、海岸線や人口分布や顔と首に至るまで、輪郭は曖昧なんです。眉は形ではない、という意味をご理解いただけましたでしょうか？

そして大切なのは、輪郭ではなく、芯なんです。中心なんです。中心から外に向かってだんだん薄くしていく、それも顔の骨格と生えている毛に沿って描いていくということになるんです。

ですからまとめますと、

まず、なるべく眉をいったん生やし、根本的な改造をやめる。

次に、一流のプロに、自分にとってベストな眉を描いてもらう。

そして**それを360度、画像と動画におさめて、何回も見る。**

本当に早いこと、自分にとって理想的な眉と出会って、毎日の安心を得てください。

A.

眉が上手く描けないまま生きている場合ではない。
一刻も早く上手くなってくださいませ。

「季節がメイクだけを変える」

？「いつも同じメイクになってしまう」

メイクがいつも同じになってしまうことは悪いことではありません。魅力的な女性の多くは、案外メイクはシンプルでいつも同じにしていて、ファッションやヘアスタイルで変化を楽しんでいます。

髪は伸びるし、ファッションは暑い寒いといった、オシャレという観点以外の点においても、季節が色濃く反映されます。そういう意味でファッションやヘアスタイルで変化を楽しむということは理にかなっています。

季節に合ったメイクもありますが、メイクにおいては、季節よりも本人に合っているかどうかのほうがはるかに重要なのです。

なぜなら**メイクは、いつだってずっと変わらない顔にするものだからです。**

似合う ＞ 季節

ですから、**盲目的に季節に合った色や、季節の限定商品に頼りきっていると、夏だけキレイな人になってしまうおそれもある**ということです。

本来、夏に出るような色物が似合う顔の人がいたとして、季節の限定カラーを毎シーズン取り入れているとしたら、必然的に夏だけキレイな人になってしまいますよね？

ならば、夏に出る、あなたに似合う色物を、1年中使ったらいいと思うんです。

そしていずれは、似合うの中に、季節を感じさせる色選びやメイクテクニックを取り入れることができるようになったら、最高におしゃれですよね。

ですから、いつも同じになってしまうことを悩むのではなく、いつも同じでいいので、そのメイクが自分に似合っているかどうかをしっかりと確認したらいいと思います。

そしてそのいつも同じのメイクを、とことん極めて、昨日よりもキレイになろうとすればいいと思います。

A.

いつも同じでいいから極めよう。

メイクをやりすぎると、法事のときの親戚のおばちゃんになる

？ロ 「普段メイクをしないから、結婚式でメイクの下手さが目立つ」

大変申し上げにくいのですが、普段メイクをしないのに、結婚式だからってメイクをしようとするから下手さが目立つのは当然です（思いっきり申し上げている！）。

そして、**メイクの失敗というのは、大抵やりすぎのケースばかり**なのです。やらなさすぎて失敗ということはほとんどありません。ですから、**下手にするくらいなら、しないほうがいい**のです。

それから「何もしないんだから、せめて口紅だけはしっかりした色を」、これも超逆効果なのでやめてください。自分の魅力や色に合っていない、しっかりとした色の口紅は、一撃でもったいない顔に仕上がります。

それともう1点。**ベースメイクを濃くするのも超ＮＧ**です。こちらも一気にもったいない仕上がりになります。

ベースメイクを濃くしても幸せになれませんし、誰のことも幸せにしません。
ベースメイクが濃いと、人はあなたに気を使います。
ベースメイクはいつも通りでいいのです。

ちなみに、しっかりとした色の（それも似合わない）口紅を塗った上に、ベースメイクを濃くすると、

法事のときの親戚のおばちゃんになります。

（あくまでもたとえで、ユーモアです。深く考えずにイメージで笑っていただければ幸いです。僕の親戚は美しい方ばかりです。笑）

そしてさらには、アイメイクも華美な色はつけなくていいです。
「じゃあ、どこをやればいいのよ？」という気持ちになりますよね？

結婚式のメイクで最も大切なのは、アイライン、ビューラー、マスカラ（場合によってはアイブロウ）です。

ここを僕たちは**「トドメ」**と言っています。

トドメとは、本来「物事の急所を押さえて、あとで問題が生じないようにする」という意味があります。僕たちはメイクで最も暗くするところ、黒くするところを、その重要性から「トドメ」と呼んでいます。

この「トドメ」を、3メートル離れた状態でしっかりと強調できているかを確認してみていただきたいのです。ただし、広く入れるのではなく、強く濃く入れてほしいのです。ギュッと。

そして、**色味はチークかリップ、どちらか一つで十分**なのです。

赤いリップを塗るなら、チークは一切塗らなくてもいいくらいです。

チークにアクセントをもってくるなら、リップはヌーディーな唇本来の色に近い色か、むしろ本来の唇の色よりもさらに赤みを抑えるくらいのベージュ系が望ましいですね。

これらが基本となる考え方です。そして、そこから応用的な考え方を、合わせてお伝えいたしますね。

結婚式のメイクで最も気をつけることは、距離感とロケーションと、そして「あなたは誰か？」ということです。

結婚式やパーティーは通常と比べて、メイクを濃くしなくてはいけないように思われがちですが、先ほどもお伝えしましたが、結婚式だからといって、メイクを濃くすればいいかというと、それはときに逆効果です。

結婚式やパーティーは通常と比べて、そこに関わる人との距離が広く遠くなることが多く、その距離に伴って、よりはっきりさせたほうがいいわけで、パーティー＝メイクを濃くすればいいとは限らないのです。

仮に小さい会場で10人未満のパーティーがあるとして、そこに闇雲にメイクを濃くして行ったら、悪目立ちしてしまいます。

つまり、人との距離感を考えることでメイクの上達は飛躍的に早まるということになります。

たとえば、**試しに姿見のような大きな鏡を使って、距離を３ｍほど離れてメイクをしてみてほしいのです。**

細かいことはよくわからなくなりますが、「チークをどのくらい入れたらどう見えるのか？」「アイラインは、引いてみることで実際にどのくらい顔に影響を及ぼすのか？」など大変勉強になります。

最近だと、写真を撮ってインターネットにアップすることも多いため、人によっては、実際の姿より、写真に写ったときの仕上がりを優先させてメイクをする人もいるくらいです。これも目的によっては有効な判断だと言えますが、逆に偏りすぎの方もいるので、何事もバランスは大切だと思います。

また、野外や緑が多い会場なら、よりナチュラルな仕上がりを意識しましょう。室内が多く、照明での演出があることが予想できるなら、どこかにラメやパールを取り入れて、光による演出を心がけましょう。

これはディナーでも言えることなのですが、夜に行くような雰囲気のいい飲食店などの間接照明においては、ほとんどメイクの色というのは認識できません。代わって大切になってくるのは、光をどう跳ね返すのか、なのです。

そこから考えると、夜や照明の演出が効いているパーティーなどにおいては、ラメやパールが大切になってくるのです。

僕が女性だったら、デートのときは、粒子の大きなキラキラするパールをポーチに忍ばせて、２軒目が暗くて間接照明があたるようなお店だったら、密かにアイメイクにパールをプラスします。

こういった視点が距離感とロケーションを考えたメイク、ということになります。

そして**最も大切なのは、「あなたは誰か？」**です。

誰の結婚式なのですか？　弟ですか？　友人ですか？　同僚ですか？

結婚式は主役が明らかなので、主役である新郎新婦との関係が最も大切です。

また、あなたは未婚ですか？　既婚者ですか？　当日の出会いは求めていますか？

こちらもどちらかで意味合いがガラリと変わってきます。


そしてあなたは、この結婚式の主役である新郎新婦にどんな気持ちになってもらいたいですか？　その気持ちになってもらうためにできる、あなたの役割やできることはなんですか？


そこをふまえて考えることです。

これらによって、メイクやトータルコーディネイトはガラリと変わってきます。


仲良しの親友が新婦で、あなたがまだ未婚で、

「次はあなただからね！」

なんて言われている仲だとしたら……


あなたは自分の魅力にあった適度な女性らしさを表現し、親友の幸せを思いっきり喜ん

でいて、今日を思いっきり幸せに過ごしている姿で、さらに新郎の友人のこともウェルカムで、大切にし、その場を精一杯楽しむことですよね。

下手に出会いに慎重になるのではなく、だからといってあからさまにガツガツするのでもなく、新郎の友人を「共に力を合わせて、この結婚式を最高のものにしようと協力しあうキャスト」だと思ってください。自然と歩み寄りたくなるし、自然ともっと知りたいと思うはずです。

そして、新郎の友人たちに、

「え！　なんかあの子めっちゃいい子じゃん。独身なの？」

と思われて、二次会で話しかけられてもいいですよね！

一方、あなたが既婚者で、新婦が従姉妹という関係だったら、無駄に女を振り撒いたら、大人気ないですよね。素敵な奥様といった装いで、新婦や新婦の友人たちに「結婚っていいもんなんだなー」って思わせるような幸福感を滲ませながら、親族のお席でお祝いをしていただきたいものです。

人生においては、同じ場所で同じ時間に出会っても、目的が違う（究極は同じですが）ことは結構ありますし、それからもそれぞれの命は続いていきますので、単純ではありません。しかし、一方で結婚式のわかりやすい点は、全員目的が同じだという点と、その日だけで完結するという点です。

ですから、**自分の役割を客観的に理解して、むしろ結婚式の一体感の中にある自分を楽しむことを心がけましょう。**

もちろん「あなたは誰か？」という問いは結婚式に限らず、常に大切な問いになっていきます。簡単に答えの出ない問いを、自分に聞き続けましょう。

A.

結婚式は、ベース薄め、トドメ濃いめ、色は1色で！（ラーメンの注文風に）

tips_08

着物メイクを間違えると、ディナーショーのポスターみたいになる

「着物に合うメイクを知りたい」

まず、お着物に合うか合わないか、という見方が一番先に来ること自体が、メイクを考える観点として適切ではない可能性が高いです。

なぜなら、メイクは「目的と対象」から考えるほうが効果的だからです。

前述の「距離感」「ロケーション」「あなたは誰か?」の3点は、目的をハッキリさせる観点なのです。

そこから考えると、**「お着物を着る」というのは多くの場合「目的」ではなく「手段」**であることが多いため、「着物に合うメイク」よりも優先すべきことがあるかもしれないと考えることができます。

たとえば、茶室でのお茶事にお招きいただいたのか、それとも友人の結婚式に呼ばれ、婚活中だから勝負服という意味合いなのか、既婚者だから式に花を添える意味合いなのか、彼のご両親にお会いするためなのか。ご両親は堅い方なのか、くだけた方なのか。

これらの理由によって、同じ着物でもメイクはガラリと変わってきます。

目的によっては、お着物に合うメイクをするほうが逆効果になることもあります。

たとえば、いかにも和装にこだわりのある先輩が招いてくださったお席であれば、ある程度、和装メイクを意識したヴィジュアルにしないと、「あら！　まぁ！　どうしたの⁉　そんな薄い色のお口紅をつけて！　お顔がお着物に負けちゃうわよ！　若い子ってこういうとこわかってないのよねー！」という、いかにも和装な人が仰りそうなダメ出しが入りかねません。

この「和装にこだわりのある先輩」にいい印象を与えたい、あるいは、喜ばせたいということが主だった目的であれば、この方が思うような濃い口紅をつけることが望ましいですよね。

ですが、目的が別にあるのであれば、この方の望む姿を目指すことで、本来の目的を果たせないおそれがあります。たとえば、男性ウケは間違いなく期待できなくなります。

ですから、それこそ独身の子で、ある程度出会いのチャンスも考えている場においてのお着物であれば、むしろいつものメイクのままのほうがいいかと思われます。

ここでついでに、ぜひとも一緒に考えてみていただきたいのですが、「お顔がお着物に負けちゃう」というお言葉。

別にお顔とお着物は、なんの大会にも出ていないですし、どちらも闘いを挑んでいないので、本当はこういうことはありえないんですよね。

勝ち負けという言葉をたとえで使うこと自体が、ゴールを誤らせます。

僕は**勝ち負けではなく、ハーモニー**だと思うんです。

せっかくの華やかな着物に、むやみに顔を追いつかせるのは危険です。さらにそこにはあなた本来の魅力も絡んできます。

さらに男性目線から解析いたしますと、浴衣はともかく、着物姿の女性をほとんどの男性は、**親戚の人か公の人**だと思っています。

同じく、最近では若い子にも増えてきたので一概には言えませんが、基本的に濃い色の口紅の人のことを**おばちゃん**だと思っています（特に35歳以上の方は注意！）。

つまり、着物を着て濃い色の口紅を塗ると、よほど似合っているか、ヴィジュアルとし

て質が高い仕上がりになっていない限り、

親戚のおばちゃんか公のおばちゃん

に見られてしまいます（公のおばちゃんって誰やねんって話ですが）。

（※僕の世界には基本的におばちゃんは存在しませんし、仮に存在したとしても最大限の賛辞の意味で、お呼びします。ただ、当たり障りのない内容や何もかも全肯定するような内容では参考にならないと思い、ここに書いた「おばちゃん」は、あえて一般的な男性からの目線として、彼らの言葉として、わざと多少ネガティブな意味合いを含んで表現しております。ですから、真に受けて落ち込んだり、「なんなの！　この内田って！」と怒ったりなさらず、該当する方は「イタタタタ！」と思いながらも、笑って参考になさっていただければ幸いです）

逆に言えば、お着物にもかかわらず、とてもナチュラルなメイク、それも女性性をちょっと高めに仕上げていただくと、母性と色気を兼ね備えた非常に魅力的で効果的なビジュアルになると思われます。

ここでの「女性性高めなナチュラルメイク」を具体的にいうと、

・トドメをしっかりと刺す

トドメとは前述の通り、僕たち独自の用語で「アイライン、ビューラー、マスカラ」を指します。つまり、目の際の黒さ、暗さをしっかり出すことを言います。

・唇のコクを出す(a)

表面的なテリやツヤではなく、コク。トロトロしたものやさらさらしたものではなく、ベターーッとつく口紅が効果的です。固めのバターのような質感であれば、ツヤが出てもマットでもかまいませんが、よほどセンスよく表現できるケースを除き、マットすぎるものはお控えくださいませ。

・チークを強めに入れる(b)

いつもよりも少しチークを強く入れましょう。ただし形にならないようにどこからどこまで入れたかわからないくらいぼかすように。色はいつも通りでかまいません。下手にお着物に合わせたり、普段使わない濃い色を使用したりしないこと。
（a）と（b）はどちらかにしましょう。両方やってしまうと結局、いわゆるただの濃いメイクになってしまいます。

この考え方は、ドレスなど洋装でのドレスアップにも応用できます。

当然、目的によっても会場によっても違ってきますが、ドレスの場合において基本的なことを挙げると、

・トドメをしっかりと刺す

・どれか1点、または2点をパールかラメでキラキラさせる

アイメイク、リップ、チークのどれか。
3点すべてをキラキラさせると宇宙人に見えます。

・ベースメイクは薄く、パウダーは塗らずに、ツヤツヤした肌のままで仕上げる

特にドレスの場合は、ベースメイクが濃いと、かなりもったいない仕上がりになってしまいます。

ディナーショーのポスターみたいになります。

（※あくまでもイメージです。いつかのどなたかのポスターを思い出して噴き出していただければ幸いです）

「日常よりもドレスアップしたのだから、いつもよりしっかりメイクをしよう」とベースメイクを濃くすることだけは避けましょう。

この方程式は、「パーティーだから頑張ってメイクした感」が全開になり、そもそもオシャレじゃないし、さらには、その気合いの入れようから、日頃あんまりいいことがない人みたいに見えます。

断言しますが、あなたのベースメイクが濃くて幸せになる人はいません。

勇気を出して、ナチュラルなベースメイクで会場へくり出しましょう！

A.

着物に合うメイクではなく、目的に合った着物とメイクを。

tips_09

コスメ選びが上手くなれば
メイクが上手くなるのではなく、
メイクが上手くなれば
コスメ選びが上手くなる

「化粧品をどう選べばいいかわからない」

お化粧品をどう選べばいいかわからない、という方によくお伝えしているのが、

今持っているお化粧品でとことん磨きをかけましょう

ということです。

今持っているお化粧品で以前よりキレイになれたのであれば、それは紛れもなく、メイクの腕が上がったということになります。

メイクの腕そのものが磨かれると、お化粧品を変えなくてもよりキレイになれるわけです。とても素晴らしいことですよね。

この方法にはさらにいい成果がありまして、それは、**同じ道具でするメイクに磨きをかければかけるほど、自分に似合う化粧品はどんな色でどんな質感なのか？　が見えてくる**点です。

どういうことかもう少し詳しく説明しますね。

なぜなら、ずっと同じ化粧品でメイクをして、前よりキレイになるということは、自分にはどういうメイクがいいかが見えてきている証拠ですよね。

そこで持っている色物に対して、「もっとこういう発色だったらなぁ……」であるとか、「色はいいんだけど、気持ちパールが入っててほしいんだよな。これは少しマットすぎるんだよね……」といった感想を抱くようになるのです。

その感覚を持ってお化粧品売り場に行くと、「あ！　これこれ！　この黒さに、このパール感！　これくらいだったらきっと深みが出るのに汚くならないんだよね！」といったように、かなり事前に摑んでいる状態で色を見ることができるので、

「私にはどれがいいんだろう？」

どころか、

「あ！　あったあった！」

という視界に変わっていることでしょう。

まずはメイクの腕を上げることです。

腕を上げるためには、焦ってお化粧品を買わずに、同じ色でひたすら腕を上げること、

そしてさらには、「どの方向に行けば魅力が増すのか？」を（自分の目線だけではなく、客観的な目線からも）判断しながら、その方向に向かって腕を上げていくことです。

わからないからといっていろいろと買わずに、むしろ**わからないときほどお持ちの物を使い切りましょう。**

上記の意識でメイクをして、**同じ色の化粧品を2セットくらい使い切ったとき、何かが見えているはず。**

A.

どう選べばいいかわからないときは、あえて選ばない。今ある物を使い切り、腕を上げましょう。

これをすればメイクは習わなくても上達する

Q 「コンシーラーはクリームファンデの前か後か、情報によって異なります」

コンシーラーをどこに何のために使うか、またそのコンシーラーの特性によって、順番は変わってきます。ですから、情報によって答えが変わるのは仕方のないことなのです。

コンシーラーが先のほうが、後からクリームやリキッドのファンデーションによってなじませやすいという利点があります。その代わり、しっかりカバーしようと思っても、クリームファンデーションでなじませるので、少し伸ばされて薄く仕上がる可能性が高くなります。

一方で、コンシーラーが後のほうが、後からピンポイントでしっかりとカバーができるので、当然しっかりカバーをするという利点はありますが、後でカバー力のあるものを塗るので、統一感や一体感は出にくいのかな？　といった違いがあります。

こんなふうに、それぞれの特徴をまずは挙げました。

そして、ここで皆様に申し上げたいのが、

自分で検証してみましょう

ということ。

今僕がここでお伝えした情報。また、これまでにあなたが見かけた、僕が言ったことと異なる情報。これらを検証するのが、他でもないあなたなのです。

女性の皆様は、美容情報が好きな方は多いですが、検証している人が少ないように思います。

検証が少ないと、その分野において自立できないのです。

わかりやすい例を挙げると料理です。

料理も、ただクックパッドや料理の本に書かれているレシピをそのままくり返しているだけでは、料理そのものの上達は一向に進みませんよね。

ただレシピ通りにするだけでなく、

「あれ？　この具材の組み合わせ、前も見たぞ。ということは相性がいいのかな？」

「そっか、春菊は後に入れたほうが、完成したときにシャキシャキとした歯ごたえが残って美味しいんだな」

というふうに、絶えず検証をしている人は、どんどん経験の積み重ねが成され、やがて一度も作ったことがない料理ですら、レシピなしで作れるようになったりしますよね。

じつは**美容もメイクも料理と同じように、「検証する」という感覚を持つことが大切**なのです。

そうして検証を重ねたのち、

仮に僕が「コンシーラーはファンデーションの前です」と言っても、

「私の場合はこのコンシーラーはファンデーションの後がいいんですよ」

と答えられる、自立したあなたがいるのです。

A.

検証することで自立した美を養おう。

tips_11

メイクが再現できないのは100%教えた側の責任

?口「メイクを教えていただいても自分で再現できない」

習ったことを自分で再現できないのは、教える側の責任です。もしこの質問をくださったあなた様にメイクを教えたのが美塾講師で、それで自分で再現できないのだとしたら、１００％私どもの責任です。誠に申し訳ございませんでした。もし教えたのが僕だとしたら、頭が埋まるほど土下座します。申し訳ございませんでした。

責任をもって、再現できるまでご指導いたします。受講料は必要ありませんので、最寄りの美塾まで再受講にお越しくださいませ。

自分で再現できないということは、教えたうちに入りません。

やってみせただけです。

美塾に限らず、メイクを教えている方はたくさんいらっしゃるかと思います。

もしあなたがメイクをするプロなのではなく、メイクを教えるプロなのであれば、ぜひ受講生の方ができるようになるまで、ときに辛抱強く教えてあげていただきたいです。

もしあなたがメイクを教えるプロではなく、メイクをするプロなのであれば、中途半端に教えたりしないでください。「あなたのようにできない」と受講生が自信をなくすだけです。

これはメイクに限らず、どの業界でも言えることかと思います。


教える側が教わる側を見限ってはいけないと思うんです。

教える側が教わる側を批判してはいけないと思います。

そんなのかわいそうです。


「今の私の力ではあなたを育てることができませんでした。

申し訳ありませんでした」

せめてこう表現していただけないでしょうか？

相手のせいにしなくたって、すでに講師業などを営んでいるあなたの自尊心は揺るがないと思うんです。

今は才能があったり、センスがあったり、話が面白かったりすることに価値があって、そうでない人をバカにしたり、低く評価したり、相手にしなかったり、置いてけぼりにしたりすることがあります。全員で全員の面接をしているみたい。オーディションをしているみたい。それをみんなでやめられないかなーって思うんです。

僕も昔、思いっきり面接をしていました。出会う人出会う人。せっかく出会ったのに、面接して、オーディションして、合格不合格していました。
そして今も、まったく完璧には手放せていません。
自分の至らなさ、器の小ささ、力不足に、口ばっかりな自分に嘆く日々です。

ですが理想は変えません。できなくてもやります。できなくても目指します。
僕はすべての人がすべての人を育む社会にしたいと思っております。

これをお読みの皆様も、もう人を面接して批判評価するのやめませんか？

そして、目の前のご縁ある人と、今自分にできる精一杯で関わりませんか？壮大な宇宙から見たら、たかが知れている自分のちっぽけな価値観で、かけがえのない一つの命を、あっさりと批判、否定するなんてこと、もうやめませんか？

すべての人が美しいっていうこと。みんなで全力で気づこうとしませんか？なかなかそう思えなくても、そうしてみようって努めませんか？

すべての人がすべての人を育む社会。30年かけてでも実現させたい、僕の夢であり、志です。

A.

教わったことを自分で再現できないのは、100％講師の責任です。あなたはダメな人間でも、向いてない人間でも、可能性がない人間でもありません。かけがえのない個性、尊い一つの命を持った美しい一人の人間です。大丈夫です。

Part 2

「欠点をメイクでカバーしたい」

オレンジ色が似合わない人はいない。ただ、あなたに似合わないオレンジ色はたくさんある

「面長の人はチークをどこに入れるのが正しいの？色は何を基準にして選ぶの？」

面長の人は、チークを輪郭に沿って縦長に入れるといいですね。

そうすることでスッキリとした知的な印象が強調されます。

決して面長を目立たなくしたり、丸顔に見せるようなチークの入れ方を意識するのはやめましょう。

そもそも**メイクの基本に根付いている顔形補正の考え方が、女性たちを悩ませる元凶の一つだと思います。**

もちろん、メイクの専門家として生きるには、ときに面長の顔を丸く見せたり、丸顔の方を面長に見せたりできなくてはいけません。

ですが、それが基礎中の基礎になってしまうとどうなるでしょうか？

僕自身、実際に陥った現象なのですが、当初どの顔の形の方がいらっしゃっても、強敵に見えたんです。

面長の方がいらっしゃっても、「来たな、面長……」

丸顔の方がいらっしゃっても、「来たな、丸顔……」

ホームベース形の方がいらっしゃっても、「来たな、ホームベース……（満塁ホームラン）」という具合で、誰が目の前に現れても、どの顔と対峙しても、修正すべき顔……と強敵に見えていたわけですから、重症です。

もちろん、専門学校やメイクの先生は、そういったことを教えることも大切だと思います。僕も母校のおかげで今の自分があります。母校の教えを否定したいわけではないのです。

でももし、専門学校の先生でこちらをお読みの方がいらっしゃいましたら、お願いしたいのです。

本来、日常を生きる女性がただ美しくなるだけなら、顔形の補正なんていらないということを。誰かを誰かに見せる必要があるときだけ、この技術を使用してほしいということを。

「すべての女性のあらゆるシチュエーションに顔形補正が必要なわけではありません。むしろすべての顔形に、魅力があります。その魅力を活かす考え方を持ちましょうね」と、メイクアップアーティストや美容部員を志している学生さんに伝えていただきたいのです(それも、できれば聖母マリアか美智子皇后か弥勒菩薩かタッチの南ちゃんくらい穏やかな笑顔で!)。

というわけで、少し話が逸れましたが、顔形に関してのお答えは以上となります。

次に似合う色に関してですが、**メイクの色を選ぶ判断基準は、あなたの本来持っている色と、魅力の組み合わせ**によって行います。

魅力に合う色と本来持っている色は、いつでも、どんな流行においても、必ずあなたに似合います。

その説明の前に、パーソナルカラーってありますよね。

パーソナルカラーはあなたに合う色がわかるというものなのですが、メイクの場合、少し注意が必要です。

パーソナルカラーの最も気をつけなくてはいけないところは、シーズンごとに紹介されるカラーチャートがあるのですが、メイクの色としては鮮やかすぎる色が多く、自分に合う合わない以前に、メイクとして鮮やかすぎる傾向があります。

特にかなり残念な仕上がりになる危険性が高いのが、シーズンがウィンターになった方のメイクです。

ウィンターのカラーを鵜呑みにして、原色に近いブルーのアイシャドウや、紫がかった口紅を塗る方がいらっしゃいますが、

これって……**完全に80年代のヴィジュアル系ロックバンドですよ。**

どれだけ涙を流せば、あなたを忘れられるだろうっていう話ですよ。

シーズンカラーに答えがあるのではありません。シーズンカラーには手がかり（刺激）があるのです。

ファッションにおいては、そんなに大ハズレすることはないのですが、特にメイクでは

こういった事件がちょくちょく起こります。

ですから、パーソナルカラー診断をするコンサルタントさんにお願いしたいのです。

教科書の「ウィンター」のページを凝視して、そこに書いてあることを読み上げる（あるいは暗記した情報を諳んじる）のではなく、カラー診断の結果が出た後こそ、クライアントさんをきちんと見て、話してほしいのです。

逆に、あなたがクライアントのときは、パーソナルカラーを見てもらったとき、カラーコンサルタントの方が教科書や資料ばかり見ていたら、「診断結果が出た後ほど、私を見てほしいです」と伝えてください。

これは、私たちが提供している魅力マトリックス（巻末参照）にも同じことが言えます。魅力マトリックスも答えではありません。あなたがあなた固有の魅力を摑んで生きるための手がかり（刺激）なのです。

美塾の講師が魅力診断の後に、あなたのことをあまり見ずに「えー艶はですね……」

なんて言いながら、ひたすら冊子の「艶」のページを凝視していたら、どうぞご遠慮なく「先生！　診断結果が出た後ほど、私を見てほしいです」と、ご指摘くださいね。

たとえば、同じ「艶」という魅力でも、肌の色が暗めか明るめかで、色選びはガラリと変わってきます。

魅力によって、出したい印象は近いのですが、その印象を出すための色が、人（それぞれが持つ本来の色）によってかなり違うんです。

たとえば、肌色が白めの「艶」の方（通称「白艶」）は、影を出すために、グレイっぽいブラウンといいますか、グレイッシュトーンのかなりくすんだコンクリートのような曖昧な色を使います。

一方で、健康的な肌色をした「艶」の方は、影を出すために、かなりコクのある（つまり明度が低く、彩度が高い）ベージュやゴールドやブラウンが有効です。

（ここで「健康的な肌色をした」と書いて、「肌色が黒めの」とは書きにくいところも、

日本の美容業界の過ちが生んだ、なんとも切ない現象だと思います)

つまり選ぶ色は、「元々お持ちのあなた本来の色(肌色や瞳の色)」と「魅力」の二つの条件によって変わってくる、ということになるのです。

このように、メイクの色というのは非常にデリケートで、パーソナルカラーで区別されるカラーチャートでは表現されていないくらい、基本的には肌色に近い、何色とハッキリ言えないような、非常に狭い範囲の中で、似合う似合わないがくり広げられるのです。

ですから、「あなたはブルーベースだから、チークはピンク系が似合います」などとあっさり答えるような方は、まだまだ専門家とは言えない付け焼き刃な理論か、あるいはいろいろな専門知識を省いて大雑把に答えた回答にすぎません。

色というものはそんな単純なものではありません。

言葉で説明できる領域なんて、色の入り口にも立っていません。

現に、オレンジ色を思い浮かべてみていただけませんか。僕も思い浮かべてみますね。
はい。あなたは今、僕と同じオレンジ色を思い浮かべたと思いますか？

おそらく違う色を思い浮かべましたよね？
そうなんです。非常に色の名前と色の関係は不安定で不確実なものなのです。

ですから、「私にはどんな色のアイシャドウが似合いますか？」という質問には、そう簡単に口頭で答えられる代物ではないのです。

そして、だからこそ探究が終わらず、その探究こそが僕の喜びなのです。

A.

顔形にはそれぞれ魅力がある。
色選びは、もともとあなたがお持ちの顔の形と色、それと魅力によって決まる。

一重のまばたきにはドラマがある

「奥二重でも映えるアイメイクがあれば教えてほしい。できたと思ってもいつも隠れてしまいます（笑）」

「できたと思ったら隠れてしまう」とのことですが、ご安心ください！

隠れたものは定期的に出てきます。

それはどういうことか？
まばたきです。

人はあなたをまばたき込みで見ています。あなたはあなたを肉眼で、まばたき込みで見ることができません。

ですから、俯き加減にして鏡を下のほうに持ってきて覗き込むのか、あるいは、動画で撮影することで、やっと確認できますので、やってみてください。

すると、その見え隠れするアイシャドウがとっても魅力的なことに気がつけることでしょう。

僕は奥二重や一重の方にいつも、

あなたたちはまばたきにドラマがある

とお伝えしています。

入ってしまうから塗らないのではなく、入ってしまうから出てくるまで塗るのでもなく（出てくるまで塗ってしまうと、まばたきのたびに相手がビックリしてしまいます）、見えるか見えないかくらいまで塗り、あとはまばたきを伴って完成です。

ぜひお試しくださいませ。

A.

一重、奥二重の人は、まばたきにドラマがある。

tips_14

顔が大きくないと出せない魅力もある

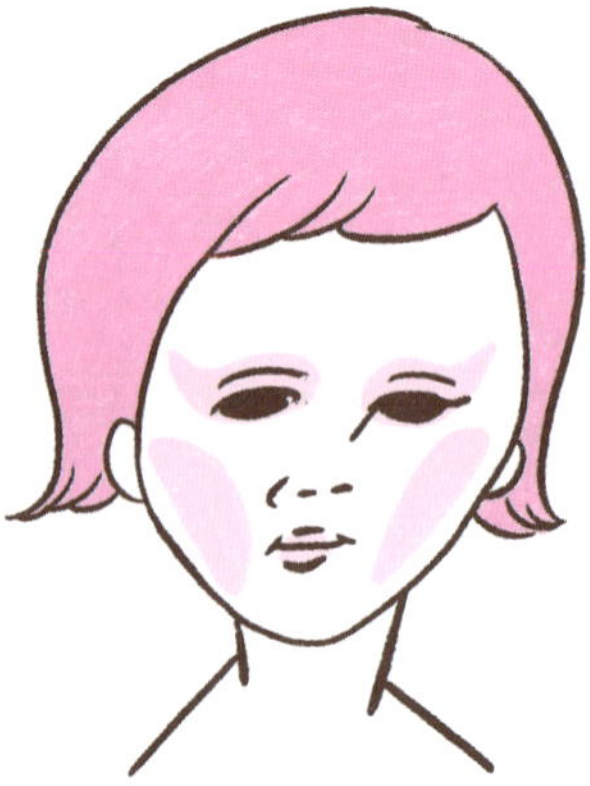

Q「顔が大きいのをなんとかしたいです」

まず、驚きのお知らせがあります。

じつは、**あなたの顔の大きさは、あなたの魅力に対して適切な大きさ**なのです。

つまり、あなたが自分の顔を大きいと悩んでいらっしゃるということは、あなたはまだ、本当の意味で自分自身の魅力に気づいていないということになります。

たとえば、魅力マトリックスで「艶」の人は、顔の大きい方が比較的多くいらっしゃいます。

極端な話、多少顔の面積が広くないと、「艶」の魅力は表現できないのです。

そして「艶」の魅力の人は、かなりの確率で「萌」の魅力に憧れます。

つまり、可愛くなりたいのです。

そして、比較的顔の大きい方が可愛くなりたいと思って、明るくポップなピンクのチークをつけたり、頭にリボンやティアラをつけたりすると、完全な悪循環に陥ります。

なぜなら、顔が大きい「艶」の方が、「萌」っぽい表現をすると……、誤解を恐れず、申し上げますと、

スッパマンが女装したみたいになります（汗）。

スッパマンがわからない方は、調べなくて結構です（笑）。

一方で「萌」は顔が小さい方が多いのですが、「萌」は「凛」になりたがる方が多いのです。この場合、「凛」の表現は比較的顔が小さい方も似合うので、そこまでもったいない仕上がりにはなりません。不公平なものです。

顔が大きいとお悩みのあなた。それは局部的に自分を見ている証拠です。

そして顔を小さく見せられればいいと思っているのであれば、大きな間違いです。

仮に、顔を少しでも小さく見せられているという手応えを感じた仕上がりになったので

あれば、トータルで見てマイナスになっているおそれがあります。

シェイディングなんて入れないでくださいね。

フェイスラインに入れるシェイディングは、撮影のときにのみ有効なテクニックで、日常のメイクで入れるとどう見えるかと言いますと、たしかに正面から見たら顔は小さく見えます。ですが、横から見たらどうなるか……

アゴが茶色い人に見えます。

顔を小さくしようなんて思わないでください。

より美しく生きていくために、やらなければいけないことは他にたくさんあります。

顔の大きさも含めて、あなたの魅力はなんだと分析できますか？

そんな視点で、自分を見てみてくださいませ。

A.

その顔の大きさで構成されるあなたの魅力は何か？　探究しましょう！

tips_15

美顔修整アプリよりも美人になる撮り方

「美顔修正アプリなしでもいい顔になりたいです」

たとえば、子供が生まれたときに立ち会ったお父さんの涙のシーン。結婚式で花嫁が手紙を読んでいるときのお母様の泣き顔。甲子園でクラスメイトを一生懸命応援している女子高生。

どう思います？　上記のような写真をアプリで加工したいと思うでしょうか？

僕も写真を、変にアプリで加工しないでもらいたいと思っております。

目を大きく見せたり、肌をキレイに白く見せたりなんてしないでほしいです。

なぜなら、「**いい人生を生きているから。それを残してほしいから**」です。

そんな人生の中で、自分は我ながらいい顔をしているからです。

まず始めていただきたいことは、「いい人生を生きること」だと思います。

「いい人生、いいイベントは、いい写真しか撮れない」

仲間のカメラマンがしみじみ言ってくれた言葉です。
まったくその通りだと思います。

いつでも、加工よりも効果的な事実を、写真に反映させていきたいです。
そう感じられる手応えのある人生を生きていきたいです。

A.

美顔修正アプリよりも優秀な加工は、美しい人生。

tips_16

毛穴は命の恩人

?「毛穴とかを隠そうとしてついメイクが濃くなってしまいます」

そりゃーそうなりますよ。

なぜなら、毛穴は色ではなく凹凸なので、これをファンデーションでカバーしようと思うと、かなり濃く塗らないといけません。これも、写真ならまだしも、実物をどの角度から見ても凹凸をなくそうと思うと、かなりの量を塗ることになります。これでは悪循環です。

それではどうしたらいいのでしょうか？

この悩みを解決させるためにまずお伝えしたいことは、**自分の顔を毛穴が見えるほど近くで見ること自体が、美しくなることに対して逆効果ですよ**ということです。

適切な距離を知るということです。

メイクをするとき、ほとんどの女性は、自分が見やすい距離で自分を見ています。

つまり、かなり近くで、人が見ない距離で自分を見ていることになります。

具体的に言うと、毛穴を見るには、約80センチの距離まで近づかなくてはいけません。

人は、そうそう、そんなに近づいてきません。仮に80センチ以内に近づいてきたとしても、近づく前に、すでにあなたへの判断は終わっています。

むしろ判断を終えたから、近づいてきたわけです(笑)。


現に、「あなたが可愛いかどうかわからないから近づいていい?」なんて言ってくる人、いませんよね?

お互い自分の毛穴を気にしすぎていて、人の毛穴を気にするヒマがないのです。

ましてや見える距離は実質1メートル程度ですから、全然気にしなくていいのです。


「え? 私、人の毛穴も気になるけど?」という方。

そんなあなたは……

人生考え直したほうがいいです。

せっかくかけがえのない出会いがあって、その人との未来に果てしない可能性があるというのに、相手の毛穴なんて見るの、やめたほうがいいですよ。幸せになれませんよ。見られている相手も、見ているあなたもかわいそうです。

他に見たほうがいいことたくさんありますよ。


僕たちが毛穴が嫌で、消したいとか、なくしたいとか言ってるのを、宇宙人が聞いたら、きっと爆笑しますよ。


「セイメイイジニカカセナイ、タイセツナアナニ、ナニカヲヌッテ、ソノアナヲウメテイル。シカモベツニカクレテイナイシ、カワイクモナッテイナイシ、ナンナラアキラカニ、セイメイリョクヨワマッテイルゾ！　チキュウジン、ナゾスギル！」

宇宙人だってすぐに見破るくらい、僕たちにとって大切な器官である毛穴の機能を低下させるようなことをするのはやめませんか？

しかも厚塗りになるだけですしね。

毛穴は、僕たちの命を24時間365日休むことなく支えてくれている恩人です。
ぜひとも親しみと尊敬と感謝を抱きましょう。

A.

毛穴なんて隠そうとしたら宇宙人に笑われるよ？

tips_17

雰囲気を明るく見せるなんて間違い

?　「雰囲気を明るくするには、どうすればいいのか？」

こちらの質問にお答えする前に、この悩み、ご要望があなたにとってふさわしい対策かどうかを確認する必要がありますね。

あなたの魅力がドラマティックで強さを伴うものであれば（つまり魅力マトリックスでいうと凛か一部の艶、一部の清）、雰囲気を明るくしようと思うのは基本的に逆効果です。

ここで立ち返っていただきたいのですが、

どうして雰囲気を明るくしようと思ったのか？

というところです。

きっと明るくしたほうが、お友達がいっぱいできるんじゃないか。あるいは、もっと人との距離が早く縮まるんじゃないか、など、そういったことを思っていますよね？

そこですぐに対策を練るのではなく、こう考えてみてほしいんです。

どうして私はそんな悩みというか、要望を持っているんだろう？

こういう悩みを持つ人の魅力ってなんだろう？

と。

じつは自分の魅力を魅力として捉えられず、欠点として捉えている可能性が高いのです。そしてそれをメイクで消したり、軽減させたりしようとしているのです。

ですから、ハッと目が覚めて、あなたがあなたの魅力に開眼するかもしれない質問をしますね。

その質問とはこちらです。

雰囲気を明るくすることによって失われる、あなたのかけがえない、ある特定の魅力ってなんだと思いますか？

自分を、自分の魅力を、そういう観点でさらに探究してみてください。

自分に特有の魅力があるという証拠がバンバン見つかってきますよ。
雰囲気を明るく見せたい。年より若く見られたい。頼りがいのある雰囲気に見せたい。
カリスマ性が欲しい。
これらの対策、大体間違っています(笑)。
そうでない方向に、あなたの魅力が溢れています。

A.

雰囲気を明るくしたいと思う傾向にあるあなたの、かけがえのない魅力とはなんだろう?

Part 3

「自分の顔に合ったメイクが知りたい」

tips_18

女性の魅力は4種類

「自分の顔に合うメイクがわかりません」

自分の顔に合うメイク以前に、おそらく自分の顔のことをそもそもよくわかっていないのではないでしょうか。

ほとんどの方が、自分の外見の特徴（＝魅力）やその傾向をきちんと調べていません。

夏休みの自由研究や大学の論文で、歴史の偉人や専門分野を集中的に調べて、まとめたことがありますよね。あのくらいのことを自分の顔や魅力に関しても、一度やったらいいと思うんです。

子供の頃にあそこまでできたのですから、大人になった今なら、かなり本格的な資料ができると思いますよ。

一番簡単なリサーチ方法は、「私の外見の魅力ってなんだと思いますか？」と家族やお友達、初めて会った方に聞くことです。

応用編として、同じメイクで口紅だけを30色塗り分けた写真を撮るとか、コーディネイトの全身写真を毎日撮るだけでも、だいぶ客観的に見えてきます。

僕たちが提唱している魅力マトリックスを使って「この中だったらどれだと思う？」と、お友達に聞いてみてもいいと思います。

この本の巻末に「魅力マトリックス」という女性の魅力を4種類に分けた指標があります。診断方法も載せていますので、ぜひやってみてください。

僕の著書『毎朝、自分の顔が好きになる』(フォレスト出版)には、魅力別の傾向と対策も書いたのですが、アマゾンのレビューに「あなたの魅力がわかるといっているわりに、非常に不特定要素が強く、言い切れない部分が多いので信憑性に欠けた」というようなニュアンスで書かれた感想があったのですが、考えてみてくださいよ。

こんなに複雑な、幾多の種類がある人間と、その顔。

そして、これだけ進んでしまった、多くの人が自分の顔の欠点に興味を持ってしまう現代の美容のスタンダード。

そんな中で、これがベストとは言い切れませんが、たった1冊の本でできる限りのことを精一杯やりました。

これ以上は、自分で実践すること、自分で検証することが大切になってきます。先ほど申し上げた不確定要素。あって当然です。逆に不確定要素のない理論や考え方こそ疑ってほしいくらいです。不確定要素をふまえた上で、仮説を立てて確かめればいいのです。自ら人生で確かめることが何より大切なのです。

人生で最も大切なことの一つを、本1冊で解決させようなんて思わず、本1冊である程度の手応えを感じたならば、その方向性にもう一歩進む勇気と行動が、あなたをさらなる世界へと導いてくれると思うんです。

そこから考えると、今日あなたがこの本を読んで知ったことには、それほど大きな価値はないのかもしれません。

しかし、これを読んだことをきっかけに、少し時間をかけて実際に取り組むことで、もっともっと大きな価値を得られると思います。

自分の顔を知り、自分の魅力を知り、その理解を深め、より豊かに表現する術を磨く。

これって、**一生物のデータであり、知恵ですよね。**

今年、化粧品に入り始めた画期的な新成分や、秋冬限定コスメの、１００倍は大切な知恵となり、あなたを一生支えてくれることでしょう。

A.

自分の魅力を知ることは一生の価値になる。

似合うメイクはあきらめの芸術

Q
「どんなメイクも似合わなくて、これってものを教えてほしいです」

自分に合うメイクがわからないままメイクをしている人は、毎朝、疑問と不安と妥協による不完了の積み重ねをしていることになります。

それが365日積み重なり、10年も経てば3650日にもなるのですから、その影響には十分気をつけなくてはなりません。

ですから、一刻も早く自分に合うメイクを知ることが大切だと思います。

それにはまず、**自分はどんな人間なのか？　を知ることが大切です。**

キレイ系なのか、可愛い系なのか、中性的なのか、より女性的なのか、頼もしいと思われているのか、助けてあげたいと思われているのか、それがわかっていないとメイクを合わせようがないですよね。

自分に合うメイクをするということは、自分の個性を受け入れるということでもあります。

自分はキレイ系だということがわかったのに、可愛いほうが好きだから、せめてチークだけでも可愛く……というふうでは自分に合うメイクとは言えません。

「自分に合うメイクをする覚悟はおありですか？」

ということです。いわば、「なりたい自分をあきらめられますか？」という問いでもあります。その覚悟があれば、じつは人生は大きくプラスの方向へとシフトするのです。

自分に合うメイクは人から教えてもらうのが一番だと思います。それも一番センスを信じられる人、あるいは専門家に聞くのが確実です。

自分に合ったメイクというのは、基本的には変わらないので、一度知ってしまえば、またわからなくなるということは、一生ありません。

また、仕上がったメイクに対して、「もうこういうメイクしちゃったんだから誰も何も言わないで！」的な頑な雰囲気になるのではなく、「ねえ、こんなふうにメイクしてみたんだけど、どう？」というオープンハートな姿勢で、まわりの人たちに聞いてみるのがいいと思います。

その姿勢がないと、仕上がっているメイクに対して、お互い言いにくいですよね。

先ほど専門家の意見を聞くと書きましたが、似合う似合わないの答えは専門家の知識の中にあるのではありません。**見た人がどう思うか？**にあるのです。

どんなに流行最先端のオシャレなメイクでも、その人にピッタリと合ったメイクには敵いません。

まだ自分に合ったメイクがわからない方に質問ですが、ではあなたはいつどんなタイミングで自分に合ったメイクを知るおつもりなのでしょうか？

ある日、急になんか中性的なカッコいい年下くんがあなたの職場に転職してきて、「あ、カッコいい……」って思ったのに、目が合ったときの、素っ気ないしぐさに「何よーーーー！　感じ悪っ!!」みたいになって、「もう可愛がってやらないんだから！」みたいに思っていたら、急に私のところに近づいてきて、顔を覗き込むから、「わ！　なになに！」（顔に照れたときに入るナナメの線入りまくり）って思ったら一言。

「その顔に、そのオレンジのチーク、似合わないっすよ」

だけ言って、すーっと立ち去って行ったのーーー！　なんなの？　アイツ!!

後で知ったんですが、年下くんは元美容部員で、何かしらの事情があって、まったく別の業界であるうちの会社へ転職してきたんだそう。

それで私も私で素直なところがあるから、次の日はオレンジのチークをやめて、淡いピンク系のチークをつけていったら、その年下くんが……

ないから!!　そんな展開、絶対ないから!!

ただ待っていても、自分に合うメイクには出会えません。一刻も早く能動的に動きましょう。逆に、能動的に動けば、自分に合ったメイクに出会うことは、そんなに難しくないのです。動きましょう。探しましょう。一刻も早く。

A.

自分に合ったメイクを一刻も早く探しにいこう！

あなたの【魅力フォーカス的視点】はレベルいくつ？

?「人に会うことが多いので、客観的に自分に似合うメイクを知りたいです」

このニーズを持っているだけで、かなりいい状態だと言えると思います。
思い込みの自分に囚われていないことが伝わってきます。

自分に似合うメイクを知る、一番シンプルで効果的な方法は、人から聞くことです。
それも、あなたの魅力に興味がある人に聞くことがさらに効果的です。

たとえば美容師さんでも、

「お客様は頭の形が少しハリがなくて、髪も柔らかいので寝てしまいやすいかと思います。ぺちゃんこになるとシルエットが米粒みたいになってしまうので、この両サイドのハリがもう少し出るように、髪も立つように、少しすきますね」

と、この顔や髪の特徴を改善すべき点と捉えて、対策を練るタイプの方もいます。

そうなると、ぺちゃんこ米だった僕が、この美容師さんのおかげで、ふっくら米になりました。

「美容師さん、マジ感謝！」

となり、めでたしめでたしです。

でも冷静に考えると……

わしゃ、ぺちゃんこ米かい！

これはいわゆる欠点フォーカス的視点です（実話）。

一方で、

「お客様は大変小顔でいらっしゃるので、髪もすっきりさせましょう。全体的に前に向いて生えていて、前髪のこの部分だけ生えグセが上に向いているので、そこだけ上げて、あとはすっきり前に持っていきましょう！　いい男がさらにいい男になりますよ！」

という美容師さんもいらっしゃいます。

僕の特徴を魅力として捉えてくださっていますよね。

これが**魅力フォーカス的視点**です。

後者の美容師さんのほうが、魅力を見抜いてくれていること、それを活かそうとしていることが伝わってきますよね。こういう方に髪を切ってもらうといいと思います。

ただ、前者の方も美容師さんをしているくらいですから、アーティスト的な感性は当然あってですね、眠っている場合があります。

以前、同じように欠点フォーカス的なことを言われたときにですね、

「そんなことより、美容師さんの感性にお任せしますので、僕の魅力に合うように、僕の魅力がさらに引き立つようにスタイリングしていただけないでしょうか？」

と依頼をしたらですね、キッと目の色が変わって、本気で取り組んでくださって、すごくいい仕上がりになったんですよね。

美容師さんって一番身近な美の専門家ですから、もっと頼ってもいいかもしれません

し、もちろん、あなたが今すでに幸せで満たされているのであれば、無理に美容院を変えることはないですが、もし今の美容師さんと会うたびに、自分を高めてくれている感覚があまりなくて、もし、あなたがもっとよくなりたいと思っているのであれば、踏み込んだ質問や提案をしてみてもいいし、いっそ勇気を出して、美容院を変えるのも一つかもしれません。

もちろんヘアスタイルは、ボリュームも出せるし、色も変えられるし、アシンメトリーにもできるし、メイクと比べて、補正を利かせやすいというのはあります。必ずしも、欠点対策をしたスタイリングがよくないというわけではないと、僕も思っております。

その前提でのご提案だと思ってください。

また美容師さんに限らず、お友達でも、そういった魅力的視点であなたを見てくれる人がいると思います。

そういうお友達とお洋服を買いに行くだけでも新しい発見があります。

うちの妻と初めてお洋服を買いに行ったときもそうでした。

事前に「こんな感じのが似合うよ！」という話はしていたので、お店に入るなり妻が「あなたが似合うって言ってたのってこんな感じ？」と言うのです。

僕は、「あーーーそれも悪くないけど、そもそもこの店にはないかな？　店が違うね。麻衣子に似合うと思うのは……この店かな？」と別の店に連れて行くと「え！　こんな不良のお店⁉」と言うのです。

彼女の魅力は、艶か清（黒清）だと思うのですが、ファッションモデルさんの私服みたいな、クラッシュデニムにプリントのTシャツとか、ぶかぶかのニットとか、破れていたり、シワ加工されていたり、色のコントラストが強かったり、キラキラしていたりと、ちょっと派手というか悪そうなカジュアルがとても似合うんですね。

ですが当時の彼女は、カチューシャをつけて、必ずどこかにおリボンがあるような、いわゆるお嬢様的なファッションをしていました（スッパマンにはなっていませんでしたが……）。

ですから、彼女にとっては、入ったこともないようなお店に、似合うお洋服が眠っていたわけです。

そのくらい、**「似合う」はあなたの想像の外側にあるのかもしれないのです。**

ですから、魅力を見抜いてくれている友人に、お店から決めてもらうといいかもしれません。最近ではパーソナルスタイリストさんにお洋服選びをお願いしている人も結構いらっしゃいますよね。

いろいろ着て選んだもらったコーディネイトを、あわてて買わずに、それを選んだお友達とはまた別の方にも見てもらって、いろいろ感想を聞いてみてください。

そのくり返しが、自分の中に客観的な目を養うことになります。魅力フォーカス的視点は育てることができるのです。ぜひ、やってみてください。

A.

聞き慣れるほど、聞き飽きるほど、返答が予測できるほど、人からあなたの魅力を聞きましょう。

「ありのまま」より「あなたらしさ」

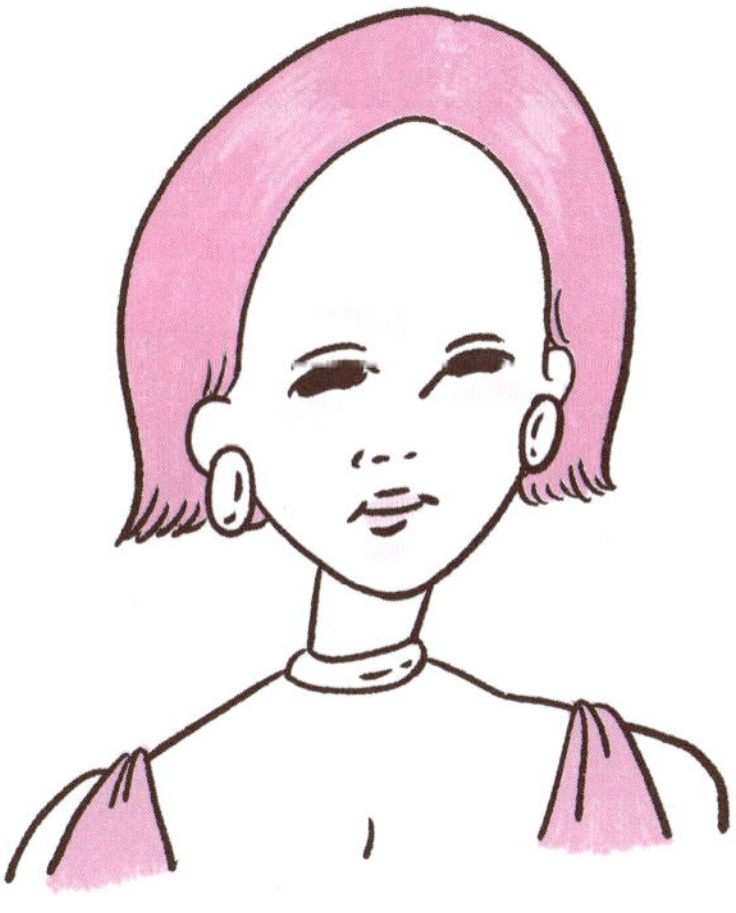

「最近のトレンドがころころ変わってよくわからない。ストロボメイクって何？」

今しがた、「**ストロボメイク**」をググりました（笑）。

これはブームですね。きっとしばらくしたら誰も言わなくなるんじゃないかな？

もともとテクニックとしてはずっとあった考え方ですよね。


ここでまず、はっきりさせなくてはいけないことは、トレンドとブームの違いです。

グラフにするとこのような違いがあります（左ページ参照）。

トレンドは大きなうねりのようなもので、じわじわと市民権を得ますから、ころころ変わるものではありません。一方でブームは、瞬間湯沸かし器のように一気に知れ渡り、急速に廃れるものを指します（もちろん、一気に知れ渡り、それから廃れることなく、ずっと人々に愛され続けるものもあります）。

そして、ブームにも商業的な仕掛けによるブームと、誰かが始めて思いがけず多くの人がマネをして広がったブームとがあります。

考えてみれば、毎月美容雑誌が発刊されているわけですから、定期的にブームを生み出さないと、誌面を埋めることは難しいでしょう。

毎月ってとんでもないことですよ。そんなに顔やメイクって変わらないですからね。

もちろん仕掛けによるブームから新たな潮流が生まれ、それがトレンドにも影響したり、トレンド自体になったりもします。

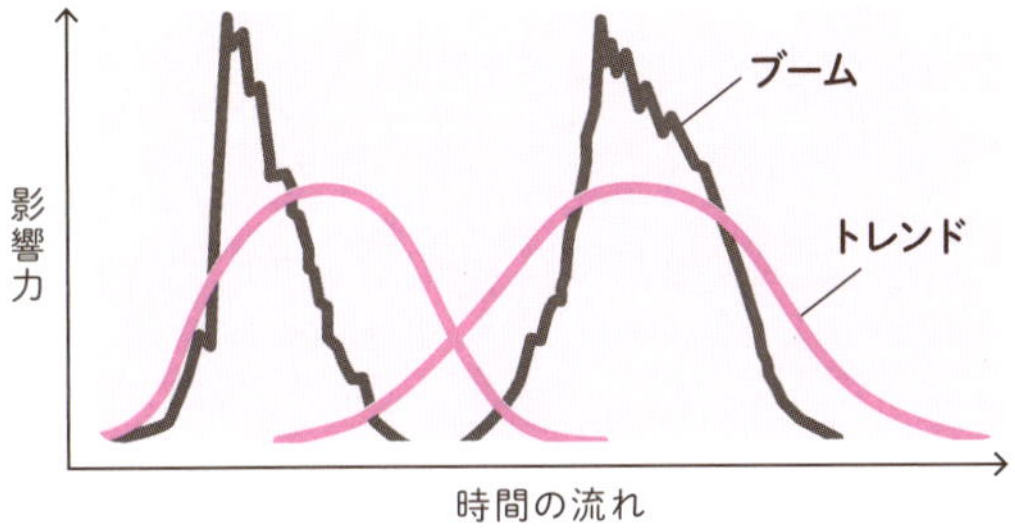

ここで気をつけなくてはいけないのが、ブームに振り回されることなく、もちろん、トレンドに流されることなく、かといって開き直って無視することもなく、潮目を読んで

「さて、じゃあ私はどうしようかな？」という主体的な考えを持つことです。

そして、この主体的な考え方が、自分の魅力を客観的に捉えたものであるかどうかを、メンターや師匠や友人にフィードバックをもらいながら、自分固有の人生をデザインしていっていただきたいです。

なぜなら、本来クールビューティー（凜）が魅力の人に、コケティッシュ（萌）なメイクをしてしまうなどということは、主体的なようで、欠点（だと本人が思い込んでいる点）を補う発想だからです。

ここが「ありのまま」と「らしさ」の違いでもあります。

「ありのまま」は、一歩間違えると、だから何もしなくていいと思ってしまったり、表層的な自分のニーズに正直になってしまうおそれがあります（凜が萌メイクをするなど）。

一方で「らしさ」は、他者が待ち望んでいるあなたの姿を加味して、自分を見ていくので、対人的に効果的であること、さらにはそういった探究を進めることで、

自分の奥底の魂が望む真のニーズに気づきやすくなります。

人があなたをどう見ているか、あなたにどんな期待をしているか、まわりのみんなはあ

なたがどうなったらもっと嬉しいか、という視点で自分を見るということです。

そこを十分ふまえた上で、ブームやトレンドを上手に取り入れることです。


ブームやトレンドはあなたを輝かせてはくれません。


それと、もう一つ大事なのが、メンターや師匠にフィードバックをもらいながらも、自分固有の人生は自分で主体的にデザインしていく、ということ。

もちろん、師匠が命がけで行っているプロジェクトに１００％自分の人生を捧げたっていいいんです。

また、もちろんメンターや師匠を持たない生き方もまったく問題ないです。

あえて未来をデザインせずに、降り注いでくる必然や使命に身を委ねる生き方も素晴らしいことです。

ただ、そう自らデザインしたんだ、自らそう生きることを選んだんだ、という自覚と責任と日々の体感が大切だと思うのです。

A.

トレンドやブーム、メンターも師匠も、あなたを輝かせてはくれない。

それらとあなたとの自立した関係性によって輝くのです。

メイクで左右対称が不可能な理由

「一重と二重の目の大きさを一緒に見えるように化粧するにはどうしたらいいの」

左右の目の大きさを一緒に見せようとするのを、もうやめましょう。目の大きさに限らず、左右対称は今すぐやめましょう。まず左右対称になれたとしても誰も気づきませんし、誰も喜びません。現にあなたは、人の顔がどのくらい左右対称か、そんなに興味ないでしょう？しかも、メイクで左右対称になんてなれません。なぜなら、三次元上において、色だけで左右対称にすることは実質不可能だからです。素材が足りないのです。本当に顔を左右対称にしたかったら、粘土かパテが必要です。それから、彫刻刀も必要です。

どうしても左右対称にしたかったら、メイクでするのではなく、骨格を矯正するプロに任せたり、表情筋のトレーニングをしたり、噛み合わせを矯正したり、姿勢を見直したりするのであれば、左右対称に近づけることは可能です。

より健康体になるべく、健康体を保つべく、自らを育み、それが結果的により左右が近い顔や体になるということはありますので、優先順位としては、まず健康体を目指すということが大事だと思います。

その上で、メイクでのコツを申し上げておきますと、**基本的に一重の目からメイクをして、ある程度仕上げてから、二重の目を慎重に薄めに仕上げていくとバランスが取りやすいです。**

理由は、一重の目より二重の目のほうが、アイメイクが反映して、目の印象が変わりやすいからで、二重を先に仕上げると、一重の目にアイメイクをいくら足しても追いつかないことがあるからです。

左右対称は目指さなくていいと言いましたが、だからと言って、左右同じことをすればいいというわけでもありません。それも含め、左右のバランスを考えてみてください。

A.

左右対称とは、メイクですることではなく、目指すものでもなく、美しい人生や体の使い方により結果的に仕上がっていくもの。

眉が薄い人は薄い眉が似合う顔の人

?

「眉が薄いので全部描いています。両方を揃えて描くコツは？」

眉が薄い方は、薄い眉が似合う魅力の方なのですよ。

もしかして、「印象が薄くなりがちだからハッキリさせなきゃ！」なんて思っていませんか？

だとしたら、おそらく印象の薄さ（だとあなたが捉えているあなたの特徴）が魅力なのですから、眉をハッキリ描くことはかえって逆効果です。

印象が薄いことは魅力的ではないということではありません。

相手に安心や癒やしを与える魅力ということになります（いや、私は絶対違うな、という方は、インスピレーションを提供する神秘的な方だと思います)。

淡い色でふんわりぼんやり仕上げましょう。

あえて濃くしようとせずに、薄さを活かした仕上がりを目指してください。

ご安心ください。

眉が濃い方は、「薄くしたい」とおっしゃいますから(笑)。

ちなみに、眉が濃い人は、人に元気さやハッピーやドキドキ感や人情味とか、ぶっちゃけた気持ちとかを感じさせてくれる魅力の人で、当然、濃い眉が似合います。

だから、こちらをご覧の方で、眉が濃い方は、眉を抜きまくったり、剃りまくったり、形を根本的に改造したりしないでくださいね。

それと前回にもお伝えしましたが、両方揃えて描くこと、左右対称にすることに執着せずに、

・**左眉は左顔の骨格と、元々生えている左眉**
・**右眉は右顔の骨格と、元々生えている右眉**

に合わせようと意識して描くとバランスが取りやすく、結果的に全体的にキレイに仕上がります。

A.

眉が薄い人は、人に安心や癒やしを与える魅力の人（それか、インスピレーションを与える神秘的な人）。

眉が濃い人は、人に元気さや人情味を与える魅力の人。

tips_24

素敵な人は、髪型とファッションは変えるけど、メイクは案外変えていない説

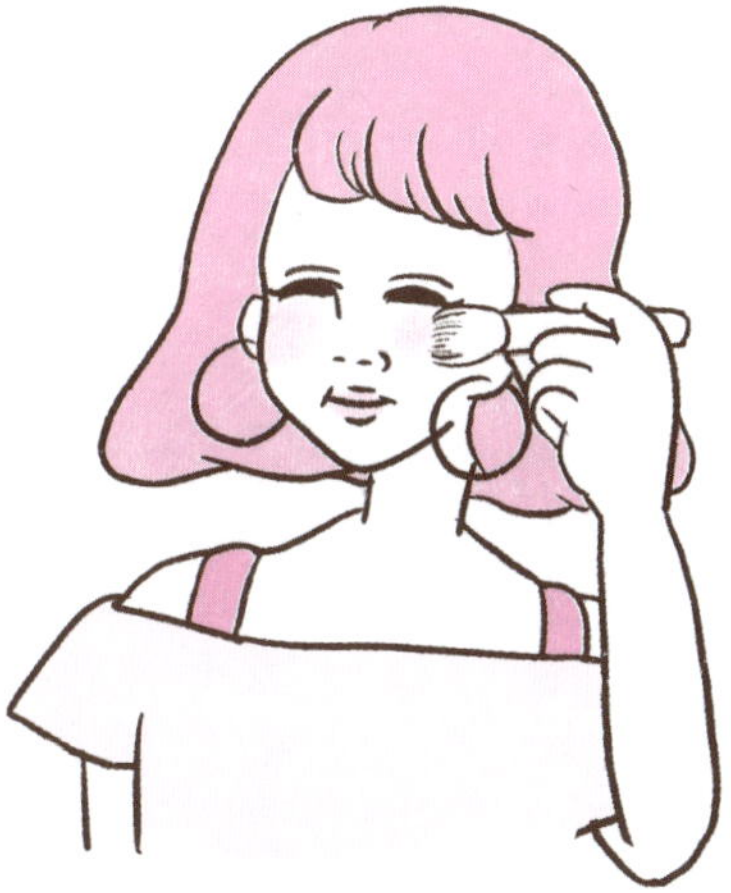

「ハイライトやチークなど、今の流行を知りたい。逆に、流行に囚われないメイクってあるんですか？」

ハイライトとかチークとかに、今の流行がないわけではありませんが、先ほどもお伝えしたように、トレンドとブームでは、捉え方がまるで変わってきます。

ブームに関していうなら、僕がこの原稿を書いているときと、この本をあなたが読んでいるときとでは、すでに流行は違うことになっているでしょう。

さらに正直に申し上げますと、ファッションに比べてメイクは、流行に敏感であることで得られるものはほとんどないのではないか？　というのが僕の見解です。

芸能人の方もそうですが、あなたの身近にいる好きな方や憧れている方、素敵な方って、メイクはそんなにコロコロ変えていないのではないですか？

じつは**ファッションリーダーといわれる方の多くは、メイクはあまり変えず、常にベーシックであることが多い**のです。

僕はよくこうお伝えしています。

「ファッション雑誌のメイクの特集記事や、ましてや美容系の月刊誌に出てくるようなメイクを取り入れる必要はありません。だって、ほとんど誰もあんなメイクしていないじゃないですか？　本当の意味で今の流行を表しているメイクは、ファッション雑誌のファッションページに出てくるモデルさんのメイクです。あのメイクを参考にしていただいたほうがよっぽど生きたトレンドを押さえた、ベーシックなビューティーが表現できますよ」

ぜひ皆様も、改めてそういった視点でファッション雑誌をご覧くださいませ。

そして、それらをふまえて、流行に囚われないメイクを挙げるとするなら、まさに僕たちが提案しているメイクです。

13年、流行を無視し続けました。13年間、進化こそし続けていますが、ほとんど変わらない授業内容とメイク技術です。

13年変わらないメイクを提供して、成り立っているどころか、生徒様が増え続けていると聞いたら、メイク業界や美容業界の人は、とても不思議がるかもしれません。

ですが、見方を変えれば、じゃあそもそも
「ずっと変わらないベーシックはどこにあったの？　安心ってどこにあるの？」

ということなのではないかと思うのです。

誰もが安心できるベーシックが見当たらないことが、考えてみたら驚きの事実であり、この業界が今こそ見直すべきところなのだと思うのです。

僕は一般女性の日常のメイクのベーシックを構築したいし、新しいスタンダードを提供したいと思っております。

ただし、それを独占したいなんて、全然思っていません。

独占したいのでもなく、権利を獲得したいのでもなく、名を残したいのでもなく、みんなに安心してもらいたい。みんなを幸せにしたいのです。

仲間を募り、みんなが目覚めるように働きかけ、新しいスタンダードを構築できたら、美塾は解散します。

僕の夢は、メイクのニュースタンダードが一般に知れ渡り、みんなが当たり前に「らしさが美しい」ことに気づいて自分のことを大好きなまま生きている社会を実現させた後、映画『オーシャンズ11』のラストのように、ラスベガスのホテル「BELLAGIO（ベラージオ）」の前の噴水に美塾講師全員で集合して、噴水ショーを眺めながら、一人、また一人と別の地へ、別の目的へと旅立っていく……。

あの再現をするのがささやかな夢なんです……（笑）。

ミーハーだってわかっています。現世利益的だってわかっているし、「よりによって資本主義経済の象徴とも言えるラスベガスで!?」「やってきた功績に比べて、夢が俗っぽすぎる」みたいなご批判も思われる方もいらっしゃるかもしれません。

でも、実際に「らしさが美しい」を文化にしたのですから、そのくらいのユーモアはお許しください。ささやかな、ささやかな夢なんです。

きっとその頃には、
世界中から美塾講師が、あの噴水に集まることでしょう。
もちろんカメラマンもプロの仲間に日本から来てもらいます。
そして、そのささやかな夢の実現の後は、潔く解散です。
次に見つけた人類の課題に取り組むだけです。

A.

流行に囚われないメイクがすぐに見当たらないことが、現状のメイク業界の課題なのではないでしょうか?

Part 4

「老化をできるだけ止めたい」

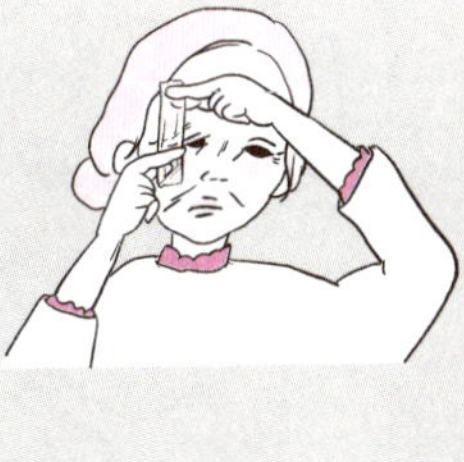

「これを使ったら全員お肌がキレイになる」という化粧品は存在しない

Q「肌に合う化粧品のブランドがわかりません」

これは〝HAVE〟の質問ですね。〝BE〟の質問ができるようになると、悩みの質が変わってきますよ。

それはどういうことかというと、たとえば「これを使ったら全員のお肌がキレイになる」というブランドってないですよね？

少なくとも、広まっているスキンケア商品の中には、そういうブランドや商品はない、あるいはあったとしてもまだ知られていませんよね。あれば、もうみんなそれを使っていますもんね。

もしかしたら、5年以上使い続けている人が全員キレイになっているというブランドは、実際にはあるかもしれませんが、それまでの経験の影響や、個人差があったりして、ハッキリとしたデータで出すことは難しいと思うのです。

では、すべての人によい結果が出ている法則はあるのでしょうか？

僕は、そんな法則を一つだけ知っています。

それは、ある「気持ち」でスキンケアをすると、全員とは言い切れませんが、かなりの確率でお肌が今よりさらにキレイになるのです。

この効果的な法則をお伝えする前に、まずこちらの区別についてお知らせいたします。

HAVE＜DO＜BE

こちら、ご覧になったことはございますか？

〝HAVE〟より〝DO〟が大事で、〝DO〟より〝BE〟が大事という考え方です。

これは、経営者やリーダーであれば、多くの方が知っている考え方です。

経営に限らず、どの分野にも通ずるのですが、これをスキンケアに当てはめてみましょう。

何を使うか（HAVE）＜どう使うか（DO）＜どんな気持ち（あり方・姿勢）で使う

か（BE）

きっとこのような構図になるかと思います。

もう少し詳しくご説明してまいりますね。


まず、「何を使うか？（HAVE）」です。

どの化粧品がいいか？　どのブランドがいいか？　クレンジングはオイルがいいか？　クリームがいいか？　ジェルがいいか？　こういった疑問は、すべて〝HAVE〟のフィールドということになります。

ですから冒頭の**「肌に合う化粧品のブランドがわかりません」という質問も、〝HAVE〟のフィールド**ということになります。

もちろんそういったことも考えるべきではありますが、もっと大切なことがあるということです。


次に「どう使うか（DO）」です。

どのようにつければいいか？　どんなマッサージがいいか？　コットンでつけたほうがいいか？　手でつけたほうがいいか？　リンパに沿ったほうがいいのか？　引き上げたほうがいいのか？　というのは、すべて〝ＤＯ〟のフィールドです。こちらもとても大切なことです。

ただし「生兵法は大怪我のもと」という言葉がありますが、まさにあれは〝ＤＯ〟の分野のことを言っています。

いくら同じ手順で同じ回数を行っても結果に差が出るのは、〝ＤＯ〟の分野での非常に微細な違いが、結果をかなり大きく左右するからです。

ゴッドハンドがゴッドハンドと言われるのは、この微細な違いが素人と、天と地ほどに違うからです。

最後に「どんな気持ちで使うか（ＢＥ）」です。こちらは、**どのような気持ちで使うか？　どのような姿勢でスキンケアに取り組むか？**　という部分です。

これが、スキンケアではとても大切です。

また、この〝ＢＥ〟には生兵法がありません。考え方さえシフトしてしまえば、全員がプロフェッショナルになれるのです。

僕たちが、塾生に一番最初にお伝えしている教えは、
顔を愛するように触る
なのです。

そうなんです。〝BE〟に働きかける指導なのです。
もちろんメイクに関しては、技術のことでもありますので、〝DO〟なしでは、いくら〝BE〟が進化しても限界があります。ただし、スキンケアにおいては、この区別が多くの人をよりよい結果へ導くと、僕は考えています。

この指導の優れた点は、「誰も間違えない」ところかと思われます。
教室でも、「それでは皆様、今から顔を愛するように触ってみてください」と言うと、全員が一瞬にして、プロ並みの手つきで顔を触れるようになります。
上手くいく人と上手くいかない人がいる時点でその理論は弱いというのが、僕の考え方

です。

そういう観点で見たときに、この指導はシンプルながらも非常に質の高い一言だと思います。

ぜひお試しくださいませ。

A.

肌に合う化粧品を探すより、まず「愛するように触る」を実践しよう！

スキンケアの真価は
1年後、何も塗らずに
過ごしてみてわかる

Q「いろんな会社の化粧品を毎日替えながら試してみたい」

僕がよく違和感を持つシーンは、化粧品会社の方が商品説明をして、なんせ手の甲に塗るんですね。
それで女の子たちが「わーー！　さらさら！　べたつかない！」って感激しているんですけど、

さらさらがどうしたん!?

と思うんです。

「さらさらなのは、あなたの肌表面に塗られたスキンケア化粧品がさらさらしているだけだよ！　あなたの肌は別にまださらさらになってないよ！」と言いたくなります。

つまり、塗ってすぐに体感できるような観点でスキンケア化粧品を判断するのは、間違いです。

「スキンケアは使用感だけを気にして選んでいる」というなら話は別ですが、残念ながら、毎日替えていては自分に合うブランドはわかりません。

大切なのは、**そのスキンケアを少なくとも1ヶ月から3ヶ月、理想は1年以上使い続けた後、一度パタッとやめてみることです**（ターンオーバーという考え方なら28日周期ですから1ヶ月でいいのでは？　と思われる方も多くいらっしゃるかと思いますが、それはあくまで角質の話で、体の細胞が生まれ変わるには、2年はかかると言われたり、生まれ変わらず生涯ずっと存在する細胞もあると言われています。そういった点や、経験則もふまえて、長すぎたらもはや検証とも言えないと思いますので、このくらいの期間を推奨させていただきました）。

2、3日洗顔だけで過ごしてみて、状態がどうかを観察します。メイクをする方は、日中は最低限のスキンケアをして、夜には洗顔をして、洗ったまま何も塗らずに過ごして寝ます。メイクをしない方は、夜には洗顔料も使わず、水かぬるま湯で洗って、その後にも何もつけずに過ごしてみてください。もちろん他のスキンケア商品も使わず、何も塗らずに過ごします。

スキンケアを塗ったときの肌状態ではなく、**スキンケアを塗っていないときの肌状態が、肌本来の変化を表している**と思います。

それでパリパリに乾燥するようなら、スキンケア化粧品自体の使用感による潤いだったことがわかりますし、塗らなくてもぷるぷるの潤いある状態が持続するなら、自分本来の肌の潤いが増したと言えると思うのです。

本当に優れたスキンケアは、こういった状況のときにこそ、いきいきとした肌であることを表現してくれる状態にしてくれているはずですよね。

ぜひお試しくださいませ。

A.

スキンケアは使い続けて、ある日急にやめたとき、その真価が問われます。

メイクしたまま寝落ちしても大丈夫！

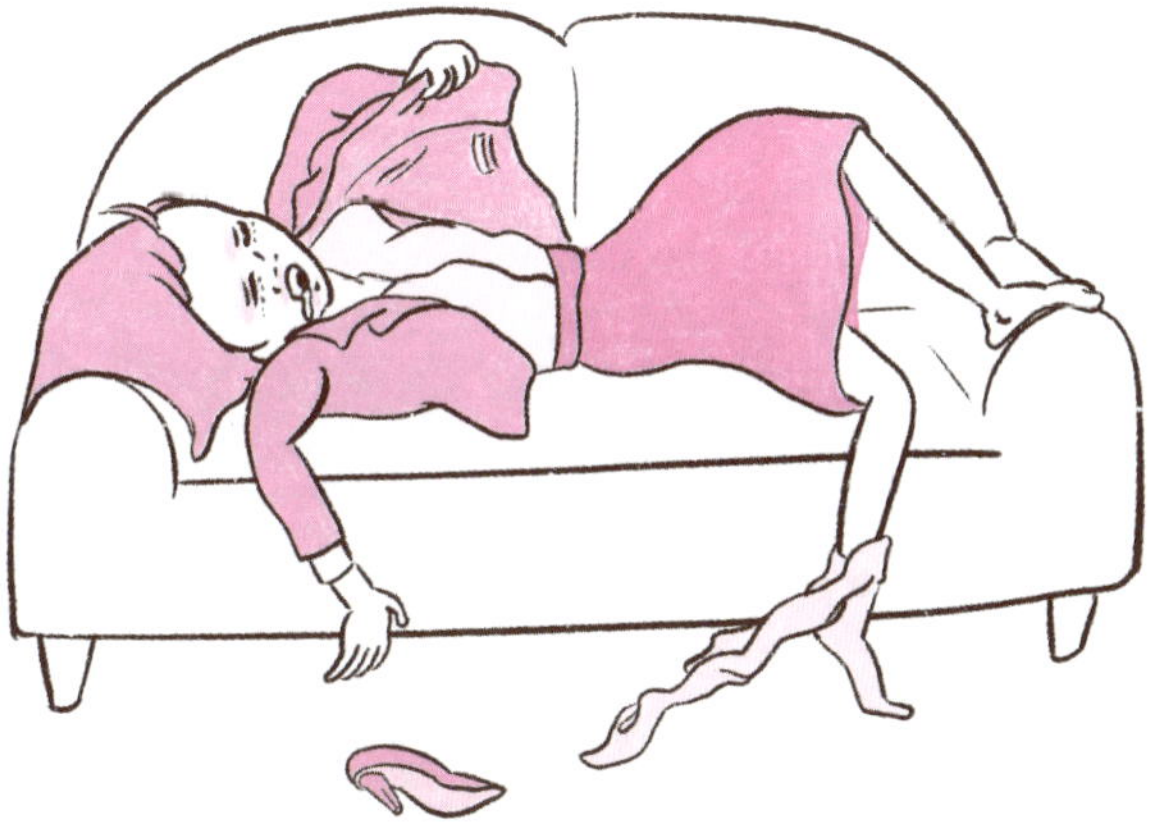

「メイクをしたまま寝落ちしたときの対処法が知りたい」

一生懸命生きていたら、それくらいのこと当然あります。全然気にすることないです。大したことないです。

よく「メイクしたまま寝たら雑巾を顔に載せて寝るようなもんだ」みたいな言葉を聞きますが、ああいった言葉がそれなりに広まっていて、多くの人が真に受けて不安に感じていることが、日本人女性の美容リテラシーの低さを表していると思います。

まずですね、メイクしたまま寝たら雑巾を顔に載せて寝るようなものなんだったら、朝起きてメイクをするのは、

雑巾を顔に載せて家を出るようなもんですよ。

日中と夜で、多少肌の働きや動きに変化がありますが、日中は美しくて、夜は雑巾なんて、そこまでの大きな変化はありませんよ。

その矛盾に気づけずに、言葉だけを真に受けすぎる点がまずおかしい。

もう1点がさらに大きな誤りなのですが、

別に雑巾を載せても、顔はダメージなんてちっとも受けません。ちょっと臭いくらいなもので。

ほぼダメージ0です。

ですから誤解を恐れず言うなら、メイクしたまま寝るほうが、雑巾を顔に載せて寝るよりよっぽど顔に負担かけていますよ。

そうです。メイクは多少なりとも顔に負担をかけるものなのです。

いや、メイク落としも顔に負担をかけています。スキンケアも顔に負担をかけています（多少なりともそういう側面もあるという意味です）。日焼け止めも顔に負担をかけていますし、もちろん、日焼けも顔に負担をかけています。

何もしないで顔を外気にさらして生きていることだって、顔に負担をかけています。


つまり、負担をかけないことなんて、何一つないんです。

そして、負担をかけないようにするという発想は、マイナスを極力排除しようという考えです。プラスが生まれないのです。

つまり家具にたとえると、使わないで梱包したまま、倉庫にしまっておくという考え方です。

もちろん使わないで倉庫にしまっておけば、ずっとキレイですよね。でも、機能はまったく果たしません。使わないわけですから。それが本当にその家具にとっていいのでしょうか？


人間だってそうです。

よく「22時～2時がお肌のゴールデンタイムだから寝ましょう」と言いますが、人生のすべての22時～2時を寝て過ごしたら、相当面白くない人生しか想像できませんよね。

もちろん夜は寝たほうがいいのは大前提ですが、たまには夜更かしだってするし、夜遊びだってするし、眠れない夜もあるし、寝させてくれない夜もあるし、寝てたまるかっていう夜だってありましたよね。

それらを犠牲にして、それで肌がキレイだからなんだっていうのでしょう？

あるいは紫外線を遮断して、外出を控え、常に日傘をさして、日焼け止めを塗り、とにかくお肌のダメージを抑えることに必死になって生きれば、当然いつまでも白い肌でいられます。

僕はその生き方を否定するつもりもありません。その生き方がしたいなら、まっとうすることは素晴らしいことだと思います。

肝心なのは、**あなたは本当にそういう生き方がしたいのか？**ということです。

出会いも減ります。思い出も減ります。行った場所も経験も増えません。

一方で、家具は使うとどうなるでしょうか？

もう使い始めちゃったからと、雑に扱い、メンテナンスもしないで、愛も与えずにいたら、いつかその家具は、粗大ゴミになります。

あるいは、心を込めて丁寧に扱い、メンテナンスもして、常に愛を与えて、定期的に拭いて磨きをかけて、専門家に修繕をお願いして、そんな年月を積み重ねていくと、いつかその家具はアンティークになります。革製品も日々のお手入れが10年後20年後に味として滲み出ますよね。


これを女性の美容と重ねると、どういった考え方になるのでしょう。

あなたはアンティークになる人生を生きていますか？　それとも粗大ゴミになってしまいそうな人生ですか？

A.

寝落ちしたって大丈夫！　アンティークを目指して、真摯に生きよう！


一度や二度の寝落ちはまったく問題ではありません。

ただ日々の積み重ねが未来を創っていることは忘れないでくださいね。

tips_28

「老い＝悪」は美容業界最大の罪

Q「老いるのはしょうがないから、キレイにエイジングする方法を教えて」

むしろ**人生が美しいのは「老い」と「死」があるから**だと思うくらいです。

そもそも「老いるのはしょうがないから」と、このセリフがさらっと語られていることがすでに納得いきません。

「老い」はちっとも悪いことではありません。

現状、多くの女性が、老いは悪いこと、避けたいことだと思っていること、これが美容界のしでかした最大のチョンボだと思います。

たかが美容という、人類の営みの一側面にすぎない観点での信念が、人類の人生全体に悪影響を及ぼしているわけですから、この罪は大きいです。

もう一度言いますよ。

たかが美容という、人類の営みの一側面にすぎない観点での信念が、人類の人生全体に悪影響を及ぼしているわけですから、この罪は大きいです。

もちろん、そのおかげでここまで美容が進化発展をしてきたわけですから、その成果はありがたく受け取って、そして、ここで一度立ち止まり、老いに対する定義を改めるべきです。

「ほんま、キリないで？」という話です。

まずその大前提があって、次に、女性の「年は取りたくない」に込められている思いを解読すると、(特に外見において) いい年を重ねている手応えが感じられていない、ということがあるのかな？　と思います。

こんな1年なら重ねたい。

こんな1年を過ごした自分の来年が楽しみだ。

そう思える日々を過ごしてほしいです。

それが何より、キレイにエイジングする方法、考え方だと思います。

だからと言って、特別なことをする必要はないのです。誰もができることでも、ステキに年を重ねることができるのです。

いくつか例を挙げますと、

・自分を愛すること
・自分を愛してくれる人を大切にすること
・自分の魅力を磨く生き方をすること
・美をお稽古にして、美に磨きをかけること
・我ながらいい選択をすること
・どんな些細なことも嬉しそうにすること
・一瞬一瞬を精一杯、心を込めて生きること
・ご縁ある人を大切にすること

・志を持ち、実行すること
・関わる人を評価するのではなく、育てようとすること
こういったことを日々心がけることで、1年後の自分が楽しみな人生が訪れます。
これらは誰にでも今すぐにできることです。

あなたは来年のあなたの外見が楽しみですか?
あなたは来年のあなたの外見が、より楽しみになるために、今から何を始めますか?

A.

来年の自分が楽しみになる日々の選択をしよう。

シワが気になる年代のメイクのお手本はモネ

Q「シワがあってもチャーミングに見せる方法を教えて」

自分の顔のシワなんてすっかり忘れて、たった一度のかけがえのない人生に没頭すること(自分の魅力に興味を持ち、磨きをかけることも含めて)が、結果的に美しいシワを構築する生き方になるでしょうね。

シワはあなたの表情の履歴とも言えます。いい表情を積み重ねた先にあるお顔は、きっとシワがあってもチャーミングなのでしょうね。

もうすでにできているシワに関しては、今どんな表情を心がけるかで見え方が変わるでしょうね。そして、表情というのは、あなたがどんな日々を生きているか、また、その日々をどう捉えているかによって築かれるのだと思います。

必ずしも笑っていればいいというわけではないと思います。

ときに、つらいことや苦しいこと、不安に駆り立てられたりすることもあるかと思います。あるいは、虚しさや面倒くさい思いが湧いてくることもあるでしょう。
それらもひっくるめて精一杯生きることが大切なのかな？　と思うのです。

その考え方をふまえて、メイクでできることを挙げると、まず**最も大切なことは粉を塗りすぎないことですね。塗らないほうがいいくらい**です。

次に、**線や形をはっきりさせようとするのはやめること**ですね。

アイブロウ、アイライン、リップライン。

これらは、あなたが顔に合った美しいラインを引けるなら、いつまでも華やかな仕上がりになると思います。しかし、少しでも顔と合っていなかったり、線が歪んでいると、シワによって一層ガタガタになり、よりシワがマイナスに際立ってしまうことがあります。

逆転の発想で、**シワができるような年齢になると、その曖昧なニュアンスが魅力になります**。ですから、メイク方法をガラリと変えて、ルノワールやモネのような印象派の絵のように、輪郭をとらず、均一に塗らず、ふわあっと色づかせるメイクを心がけることで、シワのない世代にはどんなに頑張っても出せない、味わい深く、慈しみ深い仕上がりになります。

たとえば、キリッとかっこいいクールビューティーな女性（魅力マトリックスでいう「凛」の方）が年を重ね、目尻が下がってくると、クールなのに温かみが増すのです。これは、20代の「凛」の女性がいくら美に磨きをかけても、滑っても転んでも、ヒザを立てても出せない美しさです。

他にも「年を取ると、顔がぼける」と、多くの女性がおっしゃいます。ではお聞きしたいのですが、ぼけて何が悪いんですか？ ぼけてこなくてはできない表現やメイクがあるんです。

シワを伸ばす提案ではなく、シワを目立たなくする提案でもなく、シワを魅力的に見せる術を提案するのが真の美容家だと思いますし、少なくとも僕はそうありたいです。

その上でさらに申し上げたいのですが、正確には……「顔がぼけている人」なんていないですよね。

街を歩いていて「あの人顔がぼけてるなー」なんて思ったことないですよ。この「顔がぼけちゃった」という表現は、過去の自分の顔と今の自分の顔を比べたときに感じる差を言っていることがわかってきました。

過去の自分の顔と、今の自分の顔を比べたら、世界中の大人全員がぼけてますよね。

ぜひともみんなで、加齢による身体の変化を美しく表現しましょう。年を重ねなくては出せない美しさで若い世代を魅了しましょう。

いつか「いいなー、おばあちゃん世代！　人生もおしゃれも楽しそう！　早く私も顔ぼけないかなー」って中学生の女の子が街を歩きながら友達としゃべっている日が来ますよ♪

A.

シワを気にするのなんて一刻も早くやめて、チャーミングな人生を生きることを心がけましょう。

シワが美しくないなんて女性たちがかわいそう

Q 「目のシワが邪魔をしてアイラインを引くのが難しくなりました。どうやったら上手く引けますか」

まずアイラインを引くのをやめましょう。

前述しましたが、もともと人の顔にラインはないのですから、上手に引くのなんて相当難しいのです。

それと、そもそもですね、

シワが邪魔だなんて切ないこと言わないでください。

僕はシワに尊敬があります。

シワだらけのおばあちゃんとお会いすると、これまでの人生が推察され、涙がこみ上げるときもあります。

誰がなんと言おうが、シワは美しい。

美しいに決まっています。

見る側が「シワは美しい」と感じることができるような、そんな美容のスタンダードを確立したいです。

じゃないと女性たちがかわいそうです。

特に最近は、テレビの映りもさらに鮮明になってきており、芸能人の方の美しさを保つ努力と、あるべき姿に限界が出てきていると思います。

明らかにシワがたくさんできていてもおかしくない年齢にもかかわらず、顔はパンパン。これまでの表情の歴史、筋肉との連動に限界があるのか、不自然に動かない箇所が点在しているような状況で、いたたまれないです。

さらに肉体的変化は訪れ、さすがに何をしても追いつかないところまで来たときに、もはやいくら特殊な照明をあてても出られないと、外見の変化を理由に、テレビ界から姿を消した方も、密かにかなりいらっしゃることでしょう。

若かりし頃にムリのある美容整形をくり返した女性が、おばあちゃんになる初めての時代が到来したわけです。これからますますそういった方が増えることでしょう。


一体、誰がその姿の責任を取るのでしょうか?

想像するだけで胸が痛くなります。


基本的なことですが、人間の原理原則から外れたことをすると、こういった事態を招くのだと思います。

決っして美容整形を反対したいわけではありません。

女性と美容整形の関係に一言申し上げたいのです。

人は年を重ねると共に、弾力は失われ、水分量は減り、筋肉量も脂肪も減ります。

もちろん、なるべく維持することも改善することも素晴らしいですが、それらをどうにかしなくては美しくないという考え方をやめていけばいいのです。

「赤ちゃんのような素肌に……」

当たり前に言われている美容関係のキャッチコピーですが、バカみたいです。

「あなたも100メートル8秒台で走れる……」

これと同レベルのバカバカしさですよね。

なれないって！　どちらも前人未到の領域ですよ。それに、なるべきでもないですよ。

現実的に取得可能な美を提唱していくことで、すべての女性がエイジングを楽しめるようになると思います。

A.

シワが邪魔だなんて切ないこと言わないでください。

化粧品は欲しくないときに探す

Q「年齢でメイクも変えなきゃいけないと思います。眉はどんな形にしたらいいか、チークは何色をどの辺りに入れたらいいか聞きたいです」

年齢でメイクを変える必要はありません。なぜなら同じ40歳で同じ顔の人はいないからです。年齢でメイクを変えるのではなく、今のご自分のお顔と、常に等身大に向き合うことです。

今のご自分のお顔は、当然年齢が反映されていますから、それと向き合えていれば、過剰に老けたり、変に若作りしているように見えるような、不自然なメイクにはなりません。絶対大丈夫なのです。そしてそのくらいで十分なのです。

眉に関しては、下手に整えるくらいなら、何もしないほうが1万倍マシなので、まずは生えっぱなしにしておくといいですよ。

ほとんどの方が眉を改造しすぎです。

そしてすべて生え揃えてから、その形を変えないように、清潔感が出る程度に整えるのです。シンプルですが、一番理想の眉は、元々の形に答えがあるのです。

チークにしても、口紅にしても、ファンデーションにしても、合う色を選ぶのはとても大切ですが、一番教えるのが難しいのは、似合う色の選び方なのです。

その前提をふまえて、それでも合う色を見つける方法は、「**日頃からたくさん試す**」ことです。

まず、チークがなくなりそうになったときに化粧品売り場に行くのでは手遅れです。緊急事態のため、今日見た中で一番いい色を買いますよね。その色が似合っている度80点以上なら、まだいいですよね。ですが、今日見た色が22点、34点、48点だったとしたら、どれを買います?

もうチークがなくなりそうなので、今日見た中で一番いい色ということで48点のチークを買いますよね?

それでいいんですか？　ということです。

まだなくなりそうもない、困ってもいないときから、ちょっとの時間でも百貨店やドラッグストアに寄って、1、2色パッてつけて、サッと立ち去る習慣を身に付けるのです。


それで、すごく気に入ったチークと出会うとしますよね？

でも緊急じゃないから、焦って買う必要ないですよね？

ですから、その日はあわてて買わずに、その色をつけた状態で、1日過ごすんです。

そして、お手洗いの鏡やショーウィンドウに映る自分をじっくり確認して、できれば、お友達や彼や旦那様にも感想を聞かせてもらって、それでも「うん！　間違いない！　これがいい！」と思われましたら、後日改めてそのチークを購入すればいいということになります。

A.

年齢に合ったメイクなんて存在しない。変わり続けるあなたに合ったメイクが、その瞬間その瞬間に存在する。

シミの隣の肌に興味を持ったことはありますか？

「たるみ、シミ、シワをなんとかしたい」

まず、たるみ、シミ、シワは、とってもあなたに愛されていますね。いつも見てあげているのですね。そしてなんとかしたいと思われている。ただせっかく見ていても、不満を持たれていては、彼らもかわいそうですし、そんな気持ちになるあなたもかわいそうです。

そして、シミの隣のお肌があまり相手にしてもらえてなさそうで、かわいそうです。シミが目につくということは、シミの隣には、シミと違った色の（通常ではキレイとされている）肌が広がっているからですよね。

僕は、公平に関わろうと思い、シミは「ジミー」、シミの隣のお肌を「シェリー」と、どちらにも名前をつけています。それだけでも意識はだいぶ変わります。

また、**たるみ、シミ、シワが気になるほどできるような人生を生きてきたわけですから、ぜひともその人生で培ってきたものに興味を持ってほしいです。**

お子さんを育ててこられたのであれば、無償の愛や忍耐、自分以外の存在と深く関わることや広い心などを培ってきたことでしょう。

そんな時間を通して、きっと一段と瞳は潤い、表情に慈愛が滲むような、柔らかくもしなやかな表情を得ていらっしゃるかと思います。

お仕事を頑張ってこられた方は、継続力、約束を守る力、人の意見に耳を傾け共感する心、などを培ってきたことでしょう。

そんな時間を通して、穏やかな笑顔、力の抜けたリラックスした表情筋、透明感のある肌を得ていらっしゃったかと思います。

自分磨きを頑張ってこられた方は、洞察の深さ、見識の広さ、高まった能力、磨かれた感性、などを培ってこられたことでしょう。

そんな時間を通して、知的ですっきりとした唇、ハッとさせられる輝きの瞳、組み合わせのセンスのよさなどを得ていらっしゃったかと思います。

あなたは、この人生で何を培ってこられましたか？

「そんな培ってきたものなんてないです」

と思われた方、間違いなく間違いです。

何も培わないことは不可能です。必ず何かを培っています。それはもちろん必ずしもポジティブなことだけではありません。恨みを培っている人だっていらっしゃるかもしれません。そして、ネガティブだけを培うこともできません。その側面で同じくらいポジティブの面を養っているのです。そこも合わせて見出してみてください。

あなたはあなたの人生を肯定することができるし、培ってきたものを自覚できるし、これからの人生をもっと自分で自分を肯定できる生き方にできるのです。

それができたら、たるみ、シミ、シワを誇りと思えるようになり、彼らを抱きしめて眠れるようになりますよ。

A.

たるみ、シミ、シワを抱きしめたくなる人生の解釈を。

tips_33

シミが気になる人は
ヒマな人

「テレビで『日焼け止めは伸ばすと効果がない』と見てから、UV対策のリキッドファンデを叩いて載せています。正しいですか?」

顔の上で伸ばすと日焼け止め効果が弱くなるというのは、どんな結果を元に仰っているのかわかりませんが、非常に微々たる違いだと思います。

そういった細かい規定を守ることより、そういった細かい規定を頭に入れて、それを実行できなかったときの罪悪感のほうが、あなたのお肌に悪い影響を及ぼす可能性がありますので、気にしすぎないほうがいいと思います。

また、日焼け止めとファンデーションという二つの目的を、一つの化粧品で補わないほうがよろしいかと思います。

なぜなら、日焼け止めのことを考えると、顔全体に塗りたい。だけどファンデーションという視点で考えると、顔全体に塗るとのっぺり濃いメイクになってしまう。

これが悩ましいところです。

ですから基本的には日焼け止めと、ファンデーションは別々におつけになることを基本的には推奨しております。

そして、この考えはあくまでも〝ＨＡＶＥ〟の分野としてお伝えしましたが、それとは別に、僕なりの究極のシミ対策を申し上げますと、
日焼け止めよりも「愛と感謝」が大切だ、と僕は思います。

お肌を最大限愛し、お肌に感謝を伝え続けていたら、お肌はあなたにとってベストな状態でいてくれると思います。

それでシミができたら、そのシミはあなたにとって勲章のようなもの。精一杯生きた証なのです。受け入れたらいいんじゃないかなって思います。

シミができない人生を目指すと、できなかったら幸せ、できたら不幸せという人生が始まることになります。シミができるかできないかは、自分では選べませんので、いわばギャンブルです。

シミができようができまいが、いい人生を生きているし、私は私の顔が好きだと思える人生は、幸せ確定の人生です。

どちらがよろしいですか？

「内田さん、言ってることはわかりますよ。でも言うのは簡単だけど、そう簡単にそんなふうには思えないですよ」

と思われる方も多くいらっしゃるかもしれません。
もちろん、本を読むだけですぐにそこまで意識が変わったら、そんなにめでたいことはありませんね。
あなたがもし価値観を変えたいなら、本だけで済ませようとせずに、是非僕に会いに来てください。実際、前作を読んでくださり、会いに来てくださった方がたくさんいらっしゃいます。その方々の多くはさらに価値観を変え、とてもとても幸せそうです。

僕は逃げも隠れもしません。そして会いに来てくれさえしたら、僕はあなたの価値観を変える自信があります。

本当に、**「シミができようができまいが、いい人生を生きているし、私は私の顔が好きだと思える人生」はあなたが望めば手に入る**のです。

肝心なのは、あなたがその変化を欲しいか欲しくないか、です。

芦屋で待ってるぜ！

A.

最強の日焼け止めは「愛と感謝」ＳＰＦ３９（サンキュ！）。

Q.「シミ、くすみが気になってファンデを厚塗り。ほうれい線にファンデが入ってしまい……オバァさんみたいになっちゃう」

その視点、その考え方がオバァさんです。

ここまでお読みくださった皆様でしたら、この一言を笑って「あはは、そうだそうだ！」と受け取っていただけることかと思います。そして、もちろん、あくまでもネタとしてこう書いただけで、オバァさんの何が悪いんですか？　という気持ちは当たり前にあります。僕は、すべてのオバァさんを例外なく愛しています。

A.

そんなことを悩むより、あなたの魅力に興味を持ちましょう。

tips_34

メイクは記憶をたどって やらないほうがいい

Q「年齢を重ねるにつれ、若いときのメイクがしっくりこなくなります。どうやったら今の自分に合ったメイクにアップデートできますか？」

それはメイクを、一連のやるべきこと〝ＴｏＤｏ〟として記憶して、その記憶の再現を（思い出しながら）しているクセがついているからだと思います。

これには、昨今、問題視されている学校教育も影響していることでしょう。記憶して間違えずに再現することを高めてきた教育は、単純作業をしたり、規律ある団体行動をする、あるいはそのマネジメントにおいては、とても大切な要素でした。

ただし、そういった**記憶したことを正しく再現する能力を、メイクで使ってしまうと、日々変わっていくあなたの姿、街の景色、トレンドの流れ、気候の変化、それに伴って求められる質感、そういったものを感じて、それを表現に反映させることができません。**

もっとメイクというのは感覚的なもので、**感性の発動**によって動かされるべきなんです。

それができたら、自分の身体的な変化も含めたありとあらゆる変化に対して、自動的に対処しながら、流動的にメイクも変化し続けるようになります。

つまり、一度も同じメイクなんてしないし、「一度もしっくりこなくならない」はずなのです。

これは別にメイク用品を買い足す買い足さないとかそういうレベルの話ではなく、極端な話、10年間一度もメイクの色を変えなくても、古臭くならないメイクだってあります。それは気象衛星のひまわりで見る雲の動きのような、ゆっくりと、でも常に変化し続けていることを、常に観察し続け、それを何かしらの形でアウトプットするということなのです。

感性というのは本来そういうものなのです。

では、その感性とはどういったものによって養われるかというと、街で見かける「素敵だな」と思える人たちや物や建物の姿や、自然の美しさ、芸術を見たとき、生まれたての赤ちゃんを見たときにも、養われているのです(自覚無自覚は別にして)。

別に特別なものじゃなくていいんです。わざわざ美術館に行ったり、モルディブに行ったり、シャンパン片手にピンチョス食べたりしなくていいんです（いやもちろん行ってもいいですけどね）。

そしてこの感性とアウトプットを連動するために大切になってくるのが、自分に対する「ある程度根拠のある確信」と、「根拠がなくてもいい自信」による引っかかりの少なさ、滑らかさだと思います。

つまり、**「自分はこんな存在」というのがしっかりしてくると、日頃から感じている感性をそのままアウトプットしてもいいって自然と思える**んですよね。

でもその確信と自信が足りないと、何か正解があって、そこから逸脱してはいけないという、強迫観念みたいなものが、根強く感性のアウトプットを阻むことがあります。

ではこの二つはどのようにして養うのでしょうか？

「ある程度根拠のある確信」

これは客観的に自分の魅力を解析し、本書にも書いているように、理解を深めることで養われていきます。

「根拠がなくてもいい自信」

これは先天的な要素や親の愛情、それから幼少期に人気者だったことや、小学生でリレーの選手になったり、鉄棒で人気者になったりしたときなどの成功体験（「ある程度根拠のある確信」とも重なっているところではあります）が影響していると思います。あるいは、根拠ある確信によって導き出された自信も、こちらの要素だと言えると思います。

つまり、根拠のある確信によって、自分への確信を強め、自分で自分をより信頼した状態へと、なるべく早く自身を引き上げて、そこから自らが感じていることを合ってる間違っているなんていうことを恐れずに、アウトプットしてみることができるようになるのです。

美塾に最上級クラスというクラスがあるのですが、そこで（授業内容は非公開となっています）、

「今まで覚えていたものをすべて手放して、思うままにメイクをするんです！」

と美塾で培った常識をすべて破壊する授業があります。

囚われから解放されるためのニュースタンダードが、新たな囚われを創ってしまう。もしかしたらよくある話ですね。これは当然、僕たちの望むところではありません。

感じたものをほんの少しでも、その日のメイクに反映させるのです。

そこに合っているも間違っているも、ないのです。

さらには、そういった感性の営みそのものが、人間として生きる豊かさでもあるのです。

A.

確信を持ち、感性を信じ、アウトプットすることで、一生、流行に囚われなくなり、時代錯誤にもならなくなります。

Part 5

「くずれないメイクが知りたい」

tips_35

お昼にメイク直しをするのは大間違い

「ファンデーションで小鼻の溝に白い線ができます。ここは塗らないほうがいいの？」

お昼に直しているからじゃないでしょうか？

メイクはお昼に直さないほうがいいですよ。

そもそも量を塗りすぎである、というのが1点目の理由として考えられますね。

2点目の理由は、無頓着すぎると言いますか、塗ったら塗りっぱなしだと、ファンデーションもだんだん動いていって溝にたまりますよね。

それくらい予測ができるわけですから、**1時間に一度くらい、小鼻の溝を指で優しく撫でればあっという間にキレイになりますよ。**

これこそが「メイク直し」です。

僕は多くの女性がメイク直しをお昼と夕方にしているのが違和感で仕方がないのです

（下手するとお昼だけの方も）。

お昼にメイクを直すのって、お顔の事情じゃないですよね。**あなたの事情**ですよね。

お顔からしたら、たまったもんじゃないですよね。

あなたのライフスタイルはまずおいておき、本当はいつどんなタイミングで直したらいいか、お顔やメイクの気持ちになって考えてみてほしいのです。

もしかしたら、お昼では遅すぎるかもしれませんし、もしかしたら、お昼では早すぎるかもしれないのです。

そもそも**「メイク直し」という言葉自体が、とても後手な発想を生むのだと思います。**

たとえば車を直すときってどんなときですか？

故障したときですよね？

ということは、メイク直しは、お顔が故障してからということになりますね。

車が故障しないようにするのは、なんですか？

そうです。メンテナンスですよね？

じつはメイクに大切な要素は「お直し」ではありません。「メンテナンス」なのです。

僕たちはメイク直しとは言いません。**メンテナンス**と呼んでいます。

ぜひともメンテナンスという視点で、改めてお顔とお付き合いしてみてくださいませ。

A。

顔はずっと動いているのだから、放っておけば当然線の一つくらいできます。線ができる前のメンテナンスを。

tips_36

ベースメイクはパズルゲーム

?「鼻のまわりだけがテカってしまい、目のまわりと頬は乾燥しちゃう。下地やファンデは部分で変えたほうがいいの？」

これまでも何度か触れましたが、困ったら増やすのではなく、まず減らす工夫で対応できないか考えてみましょう。

そもそも**乾燥しやすい目のまわりや頬は、朝は洗顔しなくていい**です。それと、鼻のまわりだけはテカってしまうということですが、ならば極端な話、洗った後、何も塗らなくてもいいかもしれません。ファンデーションすら、塗らなくていいかもしれないのです。

事実、美塾ではファンデーションを鼻には塗らないようにレッスンしております。もちろん教室では、「どうして鼻にファンデーションを塗らないほうがいいのか？」「では、どこにファンデーションを塗るのか？」という話をした上で、レッスンを進めていきますし、そのプロセスがとても大事なのです。

ですから、この情報だけを鵜呑《うの》みにして、明日からファンデーションを鼻に塗るのを止めたりしないでいただきたいのですが、「じゃあ書くなよ！」って話になるかと思いますが、じゃあどうして書いたのかというと、ここで重要なのは、**「ファンデーションを鼻には塗らない」ということではなく、「ファンデーションを鼻には塗らなくてもいいかもしれない」という選択肢があなたに生まれること**なのです。

つまり、おそらく多くの方は、ファンデーションを塗るとなると、深く考えず、顔全体に塗っていたと思うんです。**「ファンデーションをどこに塗って、どこに塗らないか？」という問い**は自分にしてこなかったと思うんです。

じつは、よく見て、よく考えて、しかも囚われがない人は、自ら「ファンデーションをどこに塗って、どこに塗らないか？」という問いに到達し、塗るべき場所にしか塗らない技術にたどり着いています。

偉そうに書いている僕も、この考えに至ったのはまったくの偶然で、美塾を始めるよりさらに前の2003年頃、叔母と母の依頼で、自然派化粧品の使い方セミナーをすることになり、まったくカバー力がなく、色数も少ないファンデーションを魅力的に紹介しなくてはいけない事態になり、苦しまぎれのセールストークで思いついたのが、「カバー力がないから自分の肌色のまま美しくなれる」「だからこそ、ファンデーションはどこに塗るか、どこに塗らないか？　なのです」という言葉。これが驚くほど皆様に喜んでいただけ、全国から呼んでいただけるようになりました。

そして、このセミナーを20回ほど行った頃に、「本当に自分の肌色のまま美しくなれるんだ」と、しみじみ仕上がりに見惚れるようになったのです。

当時の苦しまぎれのセールストークが、巡り巡って、現在の技術の根幹になっている、ということは、本当に感慨深いものがあります。

お顔を美しく魅力的に仕上げるための朝のスキンケアを含んだベースメイクは、パズルゲームのように柔軟な発想で、自由に、創意工夫をもって取り組んでいただきたいと思います。

そうすることで賢くなり、自立心が養われます。

A.

客観性を持った自分なりの法則は本当に強いです。

油分のフェアトレード

?? 「すぐ鼻とおでこがテカる。でも、しょっちゅうお直しするのは無理。もっと簡単な方法はないの?」

まずそもそも、メイク前のスキンケアを見直してみてはいかがでしょうか? 鼻とおでこに美容液や乳液やクリームみたいなものは一切塗らないでみてください。日焼け止めは塗ってもいいですが、あくまで薄く。

それだけでも、テカりにくくなると思います。

それと、脂とり紙はあまりオススメできません。

脂とり紙をオススメできない、僕なりの最大の理由は、使用する際、脂を取るだけでなく、お肌が乾燥してしまうおそれがあるからです。あのようなパリパリした紙を顔に触れたら、その触感だけでも、お顔は乾燥します。これはティッシュにも同じことが言えます。

僕は**「油分のフェアトレード」**と名付けて、**鼻とおでこの油分を、比較的油分が足りないと感じられる目尻や口まわりに移動させることをお伝えしております。**

現在の美容の考え方は、出たものは取りすぎだし、なくなったものは補充しすぎだと思います。

朝にたっぷりスキンケアをして、メイクが仕上がったら、テカっているから、お粉でしっかりとテカりを押さえましょう。

この感覚がすでに矛盾だらけだと思うのです。

だってそのテカっている主な成分、さっき塗ったスキンケアですよ？

テカらない程度のスキンケアでよくないですか？　そうしたらお粉もほとんどいらないですよね？

スマートにしましょう、スマートに。

夜のお手入れもそうです。

「ダブルクレンジングでしっかりと落としましょう（クレンジングを2回やるという意味）。洗い終わったら顔が乾燥しますので、しっかりと水分補給しましょう」

え？じゃあ、そもそも落としすぎだったんじゃや……。

そういう考え方です。

これは美容以外では当たり前すぎる考え方だと思います。こんな堂々巡りを女性にさせ続けるなんてレベルが低すぎます。

そろそろ美容業界も目を覚まして、無駄なくシンプルにサステナブル（持続可能）にしていくときが来ていると思います。

この意識のままでは、美容業界自体が他の業界から周回遅れになって、社会全体の足を引っ張ることにもなりかねません。美容業界の方は、もっと全体観を持つべきです。

僕は、2017年3月12日に大阪で開催された講演会で、1000人のお客様の前で、「女性の美の解放宣言をします！」と叫びました。

これは、「女性はもっと美しくなっていい！」「美しさに合っている間違っているなんてない！　何も恐れなくていい！　何をしてもいいんだよ！」という想いからです。

思い込みでかんじがらめになっている女性たちの、美に対する偏った価値観をすべてぶち壊して、みんなを解放するんだという強い思いで叫びました。

この言葉に、スタンディングオベーションが起こりました。

まさに美が解放された瞬間でした。

じつはこのスタンディングオベーションは事前にSNSやブログを通じて、「この日、僕があることを言うので、ご賛同いただけましたら、スタンディングオベーションをしていただけませんか？」と働きかけていたのです。つまり、やらせだったのです。

「なんだよ！　やらせでスタンディングオベーションさせるなんて卑怯すぎる！」と思われたかもしれませんが、これにはじつは大切なメッセージが込められていたのです。

一つは、「主体的に動く」という意思表示をみんなでするアクションの提案であったということ。

もう一つは、「なんなの？　あのタクシーの運転手、超感じ悪いんだけど！」「今日の講演はいまいちだったよね」「誰だよ！　金本を監督にしたのはっ！」といった、群衆として無責任に批判評価する思考がはびこりかけている時代に、

よりよい未来のために自分のアクションを選ぶ

というパラダイムシフトであったということ。あなたは自分のアクションで未来を作れるんだということ。つまり、スタンディングオベーションをした人は、群衆的な評価を下したのではなく、共に「美の解放宣言」を実現させた当事者であり同志になったのです。

この二つのメッセージが、この日のスタンディングオベーションには込められていました。美の解放宣言には、「みんなでもっと賢くなって、主体的に生きようよ！」という啓発のメッセージでもあったのです。

そして僕にとっては、むしろこれこそが美容だと思っております。10万円の美容液も素晴らしいと思います。ゴッドハンドによるフェイシャルエステも素晴らしいと思います。ファスティングも素晴らしいですよね。

そしてこの「美の解放宣言」に対するスタンディングオベーション、あの日、あの会場で立ち上がったこと、きっとその方をさらに美しくしたと思うんです。

その行動は、10万円の美容液やゴッドハンドやファスティングに決して負けない美容であったのではないかと、そしてそういったことも美容に含まれると、しつこく申し上げたいのです。

美容という言葉が指す意味を、これまでより広げたいのです。

A。

群衆として無責任な批判評価をするのではなく、主体的に未来を作る言動をしよう！ そして、それも立派な美容と新たに定義しよう。

「気がついたら目の下が黒くなっている」わけがない

「汗ばむ季節に化粧くずれしない方法はないですか？」

汗ばむんだから化粧くずれします！　以上！

あはは！　冗談です！　いや、ウソじゃないんですけど、これじゃあまりに乱暴なので、補足いたします。

人間誰しも、汗をかきますよね。
そこで質問ですが、あなたは、汗をかいたら何がいつ、どのようにくずれるのですか？
よく言われるのが、「目の下が黒くなる」というお悩み。
「何がついて黒くなっているのですか？」と聞いても、

「アイシャドウが落ちているんじゃないかと思ってました」
「マスカラだと思うんです」
といったように、明確ではないんですよね。
「いつ落ちたんですか？」と聞いても、ほとんどの方が「気がついたら」と答えます。これもありえない表現です。

気がついたら黒くなっているんじゃないです。

何かがきっかけで、いつからか目の下が黒くなったことに、さっき気がついただけです。

多くの場合、少しずつ少しずつ付着していき、あるタイミングで可視化した、という表現のほうが適切だと思います。

この「気がついたら」という言葉でまとめている時点で、この事件は密室による完全犯罪と同じ状態です。解決しそうにありません。レインボーブリッジ封鎖しなきゃ！

「それはいつなのか？」「どうしてなのか？」を特定していこうとすることで、仮説を立て、対策を練ることができます。ここに前述したメンテナンスという感覚を加え、未然に防ぐセンスを養うのです。

これら一連の作業が、検証なのです。


他にもですね、「昼になったら眉が消えている」という方もいらっしゃいました。

これもおかしな話です。昼になったら眉が消えている……。

シンデレラじゃないんだから！

やはりその方にお伝えしました。

「昼になったら眉が消えているんじゃないですよ。いつか何かのタイミングで眉のメイクが落ちてしまい、それをお昼に気づいているだけですよね」

これでやっと、**「いつだろう？」「どんなタイミングで消えるんだろう？」**と考える余地ができるわけです。


その方は、次のお教室のときに嬉しそうな顔をしながら、こんなふうに仰ってくださいました。

「先生！　聞いてください！　あれから昼になっても眉が消えなくなったんですよー！」

「おぉ!!　やはり魔法ではなかったのですね！」

「んもぉー！　先生ったらぁ！　意地悪ぅ！　いやね、じつはね、私とても汗っかきで、いつもハンドタオルで汗を拭いてたんですね。それでね！　せんせい！　いやん！　うふふ！　私、汗を拭いている場所が……うふふ！　ちょうど眉山のあたりだったんですよぉー！　ぐふふ！　眉を消している犯人、私だったんですぅーー!!　ぎゃははは！　もーーーやだーーー!!」


これには一緒になって笑ってしまいましたが、同時に感動もしました。

もしかしたら、こんな他愛もないことにすら、一生気づかずに、ため息ばかりついて人生を終えている女性って結構いらっしゃるんじゃないかと思うんです。

ちょっと捉え方を柔軟にして、意識して、すべてを検証したら、見えてくるのに……。


女性たちはちっとも悪くないと思うんです。

ただこの時代に生まれ、年頃になり、メイクを始めただけ。

それなのに、ほとんどの女性が、こういった意識にとどまっている。これは本当にもったいないことです。完全にメイクが悪いとしか思えないんです。

ゴルフでいったら、一番ホールでいきなりボールがバンカーに入っちゃって、それなのにずっとパターで打ってバンカーから出そうとしていて、すでに67打目みたいな、そのくらいのもったいなさ。そのくらい根本的に間違ってる感。

「そもそも使うクラブが間違ってるよ！」という感じなんです。

だから思うんです。

僕たちがメイクの魔法をかけるんじゃなくて、間違って定義づけされていたメイクによって、長年あなたを蝕んでいた魔法を解くんだって。

今のあなたは、本来のあなたじゃないかもしれないんです。

A.

汗ばむ季節に、化粧くずれしない方法を自ら編み出せば、一生その悩みから解放されます。

ビューラーは
まつ毛とダンスさせる

Q「まつ毛カールをキープする方法はありますか」

諸行無常。カールなんてキープせえへん。

……あ！　ウソです。ごめんなさい。

いや、ホントなんですが、これで終わったら、ちょっと残酷ですよね。

キープには当然限界があることをふまえた上で、それでも持ちがよくなる方法を、それも優しくお答えしますね。

まつ毛のカールをキープする方法をお伝えする前に、まつ毛をカールさせるビューラーの役割について誤解を解きたいと思います。

多くの方は、ビューラーはまつ毛を上げる道具だと思っているようですが、それは間違いです。

ビューラーはまつ毛を上げる道具ではありません。

では、なんなのか？


ビューラーはまつ毛を曲げる道具です。

「なんだよーーー！　ひっかけ!?」と思われた方は、この違いの大きさを理解できていません。ここでハッとしてグッときてほしいのです。

ビューラーはまつ毛を曲げる道具である。この大前提がないとビューラーは上手くいきません。


上げようと思うと、過剰に期待して変な動きをしてしまうんですね。

曲げた場所が曲げた角度で曲げた強さで曲がるだけ、なんです。

そして曲げた連続が、結果的にまつ毛を上げるんですね。

大体根元から毛先まで最低でも5箇所で挟む。全体で90度まで上げる。ということは、1箇所18度曲げれば上手くいく、という計算になります。

それがまず理解できるだけでだいぶ違ってきます。

次に大切なことは、**ビューラーをとっても優しくゆっくりすること**です。まぶたとビューラーが社交ダンスを踊るように、まぶたとビューラーをピタッとくっつけて寄り添って、一体となって挟むことが大切なんです。

さらに大切なことが、挟んだ後です。**挟んだ後の、ビューラーの圧を戻すときの所作を、挟むとき以上にゆっくりする**のです。

そして最も大切なのが、まつ毛からビューラーが離れる瞬間です。まつ毛からビューラーが離れる直前、まつ毛への圧力が0になったところで、一瞬静止して、そして最も遅い動きでハラリと名残り惜しく離れるのです。

僕はよくたとえで、**寝かしつけた子供が起きないように自分だけが布団から出る感じ**と言います。

……ウソです。いや本当なんだけど、かわいそうなので、うーーんと、じゃーー、、誰も隣で寝てないのに、誰かがいるとして、その誰かが起きないように自分だけが布団から出るように……

後で知ることになるのですが、このビューラーが手離れするときの技術は「残心」という、古くから日本に伝わる概念と重なるものでした。

何千回と人様にビューラーをさせていただき、何度もまぶたを挟み、涙を流させてしまいました。特にメイクを始めた当初は多くの方に不安な思い、痛い思いをさせてしまいました。

人が挟むと、相手の反応で挟んだことがわかってそこから離すので一拍遅れます。この遅れで、自分が挟む5倍は痛いと思います。

本当にあの頃メイクをさせてくださった方にはお詫びの気持ちでいっぱいですし、その経験で今の技術にたどり着いたことが手に取るように見えるので、感謝の気持ちでいっぱいです。

その分、この培った技術と、下手だったからこそ、どんなに苦手意識がある方にも教えられる指導法で、少しでも恩返しをさせていただきたいと思っております。

A.

まぶたとビューラーがダンスを踊るように。

Q.

「化粧直しに使うミストは逆に乾燥するというのは本当ですか？」

A.

自分で検証してください。

（そうなりますよね！笑）

Part 6

「結局、私たちはどう美しくなればいいの？」

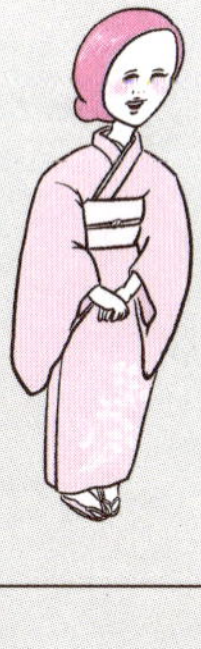

顔を白くしたいなんて
幸せな悩み

「顔を白くしたいです」

もう顔を白くしたいなんて思わないほうがいいです。

人はそんなに白さを求めていないですよ。自分は自分を白く見せたいし、白くなりたいけど、他の人の白さにそんなに興味ないですよね？

あなたがキレイだと思う人は、全員顔が白い人ですか？　下手するとその人の肌色がどんな色だったかも思い出せないのではないですか？

人が人を美しいと思うことと、顔の白さはまるで比例しません。

それに何が悲しいって、肌の色なんて、ＤＮＡである程度定められている、変えようのない要素なのですから、そのどこかに美しさの旗を立ててしまったら、そうでない人がキレイになれないということになるじゃないですか？

美容の人種差別ですよ。

そして、そんな僕たちのせいで、急速に経済が発展し、一般女性たちもメイクをするようになった東南アジアの人たちまで「顔を白くしたい」なんて言い出しています。平均的に、僕たちよりはるかに、肌色が黒い人が、日本人がつけるような色のファンデーションを塗っているのですから、滑稽なものです。

そのせいで、東南アジアの女性たちの多くが、**初めて紙粘土で作ったクラスメイトみたいな仕上がり**になっています（あくまでメイクの仕上がりのことです）。

いわば、日本で一般の人たちにメイクが広まった50年代60年代に、僕たちが欧米の顔に憧れて鼻を高く見せたり、目を大きく見せたりして、ノウズシャドウやダブルライン、つけまつ毛などをしていた景色は、現在のタイやベトナム、バングラデシュなどの方々が、白いファンデーションを塗っている姿と、とても重なります。

これを、「そうだよねー。そんな道、通るよねー」で片づけるには、あまりに犠牲が大きすぎるし、あまりにもったいないと思うんです。

東南アジアに美白美容液を勧めるのもいいですが、先進国が途上国に憧れを抱かせて、叶いもしない願いを抱かせて、それをビジネスにするのはもうやめませんか？　大人気ないですよ。

先進国として、私たちが経済成長と共に、先行して経験してきたことは、東南アジアに限らず途上国がこれから日本と同じような成長曲線を描いたときに、同じ過ちをくり返さないように、先導することができる経験値だと思うんです。

その最たる一つが美容だと思います。なぜなら、その国の経済発展と、一般女性の美容への関心や実践は、比例することが多いからです。

そろそろ地球規模で、健全な美容文化を確立しませんか？

私たち日本人はその模範となれる可能性を秘めた存在なのです。自分のコンプレックスやエイジングの悩みに対して、ちまちまやってる場合じゃないですよ。

僕は**日本女性を世界の人財にしたい**と思っております。

そして、ときに美容の先輩として、ときに経済的にほんの少し豊かなエンジェルとして、世界の課題解決に貢献したり、世界の人々の、さらなる笑顔や幸せに貢献できる存在へと啓蒙していきたいと思っております。

もう消費者は卒業です。余計なものを買って、地球に過度な負担をかけるのはもうやめましょう。

これからは生涯生産者として生きて、模範生として、教育者として、世界の人々に、次の世代の人々に貢献していきましょう。

A.

顔を白くしたいなんて思う余裕があるなら、世界のリーダーになろうよ。

世界のおばあちゃん、日本人の役割とは？

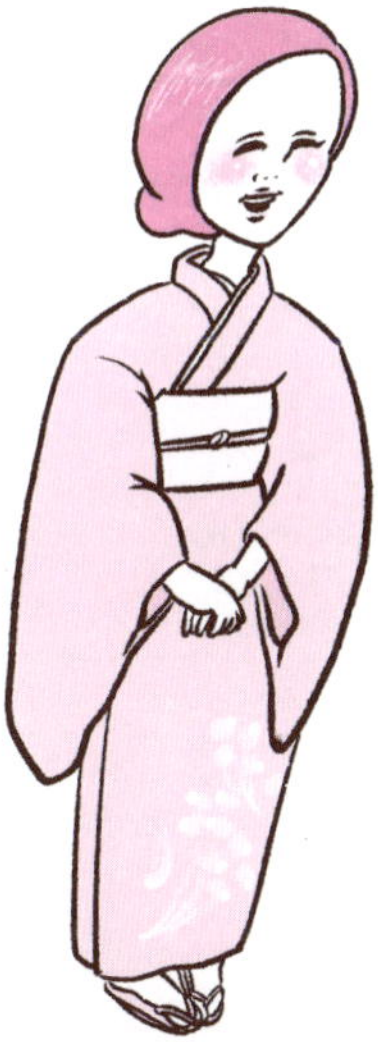

Q 「日本人に合うメイクって何ですか？」

もちろん、日本人にもたくさんお顔の種類があり、日本人と簡単に一括りにはできないのですが、その中であえて表現するなら、世界全体で見ると、「可愛らしさ」「か弱さ」「おぼこい」「健気」といった要素が日本人の特徴でしょうね。

メイクでいうと、不必要に陰影をグラデーションでつけずに、ふんわりと淡く仕上げるメイク、グラデーションよりもメリハリで仕上げる。特にアイメイクはパッチリと仕上げるメイクがとても合います（あくまで日本人を総じて表現する場合に限ってのことで、同じ日本人でも魅力によって合うメイクは当然違ってきます）。

どうして、このような活かすべき特徴が生まれるのかというと、顔の凹凸が少なく、目が小さく、まつ毛が短く、鼻が低く、体が小さいからですね。

そう、つまりこれらはずっと日本人がコンプレックスだと思っていたことです。

それが今では魅力の核となり、世界的に評価されるまでになりました。世界の美女ランキングにおいても、日中韓の活躍はめざましく、全米チャートに韓国グループがランキングするようになったのも、一つの時代の変化だと思います。やっと日本、中国、韓国が、自分たちならではのビューティーを表現できるようになったということなのでしょうね。

また、僕はこれから10年くらいかけて、日中韓のヴィジュアルがさらに評価されて、それからはゆっくりと、南米や東南アジア系のヴィジュアルが評価される時代が来ると思っております。これがトレンドです。

タイ、ベトナム、バングラデシュに何度か行っておりますが、東南アジアの女性の美しさのポテンシャルは、計り知れないものがあります。

そして東南アジアの女性で、彼女らに合ったメイクができている女性は０・１％程度。じつに１０００人に一人いるかいないかです。

ほとんど全員が、欧米系のメイクか、日中韓のメイクをマネしています。

そして、それがやはり、そんなに似合っていないのです。日本にいらっしゃる東南アジア女性にも同じことが言えます。

僕はメイクで何人もの東南アジア女性を、まわりで見ている日本人男性が、相当ビックリするほど美しくお仕上げした経験があります。

僕はこれから、日本だけでなく東南アジアのメイクのスタンダードを構築するお手伝いもしていきたいと思っております。

東南アジアの方だからこそ似合うメイク、東南アジアの方にしか似合わないメイクを見つけてしまったもので……（照）。

その東南アジアのメイクや美容の発展に、その国の方々の魅力という視点から関わることで、日本のように、コンプレックスに苦しむ時代を極力少なく、なるべく早く終えて、すくすくと健全に自分たち独自のビューティーを確立してもらいたい、そんな想いです。

これは、日本人女性が美に関して、痛みを経験してきたからわかるのです。そしてその痛みや勘違いを解決させようと、これまで日本人女性に数え切れないほどメイクをして、教えて、その人らしく輝かせ、とっても幸せそうな姿へと7000人を導いてきた経験、そして導かせてくれた7000人の生徒様のおかげで、明らかな確信があります。

皆様とのこれまでの経験を、世界に貢献することに使うことができるのです。

さらには、日本人の平均年齢は約46才と、世界一の高齢国でもあります。世界を一つの家族と見立てると、日本人女性はおばあちゃんにあたるのです。おばあちゃんの知恵袋です。


そんな日本人女性がこれから極めていくべき要素は、ミニマリズムでシンプルなメイクであり、美しさであり、そして世界のリーダーなんだという自覚だと思います。美のエースではなく、美のキャプテンともいえます。

それは必ずしも、顔を白くして、唇を紅くすればいいというものではありません。

日本の美の本質は、そぎ落とされた、華美でない、わびさび、道、といった要素を美容に表現していくことです。

そして、その表現が、世界の美容を健全化し、すべての人が満たされ、かつ地球の資源が循環する持続可能な美容へと導くのです。

そうすることで、東南アジアや南米、さらにはアフリカなどが迎える美容の発展の先を照らすことができるのです。

これは決して大げさなことではありません。

特にインターネットの普及により、実際にすべての人がすべての人のライフスタイルに刺激を受け合うことができるようになったのです。

日本人女性は、美のリーダー、美のキャプテンとして、そして世界のおばあちゃんとして、日々の美しい生き様で、世界の発展、人類の真の生き方をリードすることができるのです。

美しい生き様で世界をリードする。

そんな人生、生きがいがありませんか？

A.

日本人は、自分たちに合うメイクを気にするだけの日々を卒業して、世界をどんな美容に導くか、そのためにどんな表現をすればいいかを考えましょう。

tips_42

あなたも化粧品会社に影響を与えている

「いろんな説がありすぎて、何が正しいのかわからない。さまざまな業種の大手企業が参入し、境目なしになってきた。なんか怖いです」

生徒様の中でも、より自分の人生や志に沿ったよいものを選びたいと、すべての化粧品会社を「動物実験しているか、していないか」を調べ、動物実験をしていないコスメブランドだけで、お化粧品の買物同行をさせていただいた方もいらっしゃいます。

僕も20年前に「化粧品は何が入っているかより、何が入っていないかですよ」と教えていただき、成分表示を見て選んでいるときもありました(今も見ますよ)。

一つ言えることは、「**企業は悪の組織ではない**」ということ。

企業は利益を上げなくては成り立ちません。つまりお客様に支持され、多く売り上げを上げなくてはいけません。ですからとことんお客様の要望に応えます。

落ちないマスカラだって、お客様が望んだから。

その落ちないマスカラがあっさり落ちるリムーバーも、お客様が望んだから……。

落ちないクリームアイシャドウも、落ちない口紅も、落ちないアイブロウカラーも、お客様が望んだから……。

そのうち、落ちないチークができて、落ちないフェイスマスクができて、二度と取れないまつ毛エクステができて、ずっとたるまないフェイステープ、洗わなくてもお肌に負担のないファンデーションが出てきて、二度と落ちないファンデ、二度と落ちないコンシーラーが出てくるかもしれません。

僕はこれらを、冗談で、嫌味で、書いたんですが、あえて調べていませんが、おそらくすでに商品化されているものもあると思います。

こうやって並べてみたら、どう思われますか?

少し厳しい言い方をすると、消費者が愚かな業界は、その消費者のニーズに応え続けていくと、さらにどんどん愚かな業界になってしまいます。

消費者が賢くなれば、企業は変わります。

私たちが本当にこの世の中にとっていいものを選んで買い物ができるようになれば、また買い過ぎないように、無駄な買い物をなくし、最適な消費量を保ちながら、それぞれが自身の美しさを十分に引き出せたら、美容業界の適正化が起こります。

人が一人美しく生きるのに必要な金額、適切な量があると思っています。それを僕は適正消費量と呼んでいます。

売れるだけ売っていてはキリがありませんし、長い目で見たら、その考えでは消費者もメーカーも豊かにはなれません。そもそも地球への負担が過剰になります。

本来は各業界の企業(すなわちプロフェッショナル)が、その業界や、お求めくださるお客様を、健全によりよい方向へ導いていかなくてはいけません。

お客様、消費者も、メーカーをリードするくらいの気持ちを、各業界の企業は、その業界をリードしている自覚を持ちましょう。

そのためには、ご自身の業界を超えた全体観を持ち、それを養う必要があります。

また、ご自身の家族のこと、会社のこと、地域のことだけを考えるのでもなく、日本、地球、さらには、宇宙という視野を持つことで、さらには、自分の生きている年数だけを思うのではなく、100年後、300年後、1000年後、を考えたときに、健全化とはどういうことか? が見えてきます。

「自分のことで精一杯で、そんなこと考えられないです」と思われる方もいらっしゃるかもしれません。

それ、本当ですか?

真剣に考えてみたことあります?
そのセリフ、誰かや何かの受け売りで言っていませんか?

「自分のことで精一杯なときは、日本や地球のことなんて考えられない」

これも間違った公式です。
もちろんそういう人もいます。でも僕の計算上、少なくとも約50%の人は、この考え方で、日本や地球のことを考えられるようになり、むしろ同時に自分の精一杯感からも抜け出せていますよ。

業界を超えた全体観、日本、世界に思いを馳せて、自分の美容やメイクを整える。

真剣に考えてみて、取り組んでみて、あまりにつらかったら、一旦やめたらいいと思います。

実際そういう人も、僕の計算上、約50％います（笑）。

そういう方は、焦らなくていいんです。

でももし、真剣に考えてみて、全体観をもって取り組んでみたら、自分の精一杯感からも抜け出せて、魂からみなぎる永遠のモチベーションから生きることができるかもしれない、としたらいかがですか？

「そっかー。たしかに一度も真剣に取り組んでみたことないな。私も誰かや、何かの受け売りだったかも。決めつけずに、つらかったらやめてもいいって、うっちー言ってるし、ちょっと地球規模で300年先まで考えるのトライしてみよっかな?」
と思えたあなた。

猛烈に眩しいっ……(照)。

A。

メーカーもお客様も、お互いをリードしている自覚、お互いをよりよき方向へ導く姿勢を持ちましょう。

おわりに

どれだけ人が美しい存在か、どれだけ人が尊い存在か、どれだけこの世界には感謝が溢れているか、すべての不完全さがどれだけ美しいか。

快適や便利さの中にも美しさはある。だけど、それ以外が醜くて害があるなんて思い込みなんだって。それらもひっくるめて、そういったところからも美しさを見出せたら、その時点で最高な人生が待っていて、それは条件を超えて、ずっと続く生涯保障であり、これまでに経験したことがない美しさであり、豊かさなんです。

そんな世界の、せめてかけらだけでも受け取ってほしい。もちろんできたら丸ごと。

「こんな伝え方だったら、受け取ってくれるかな？

こんな言葉遣いだったら、面白おかしく、真理を持ち帰ってもらえるんじゃないかな？

ここでギャグを挟んで、かと思いきや、ここであえてツンデレでぐいっといって、ここで笑いながらも、自分たちの思い込みのバカバカしさに気づき、最後にこんな言葉が、読んだ人の奥のほうに、じんわりと、しんみりと、染み渡ってもらえたらいいな」

そんな想いで書きました。

メイクが、美容が、喜びに変わりましたか？　変わりそうでしょうか？

僕はみんなが安心する美容を広めたい。
僕はみんなが人間であることを喜びにできる美容を広めたい。
僕はみんながしみじみ幸せを感じられる美容を、考え方を広めたい。
僕はみんなを幸せにしたい。

僕はみんなと幸せを生きたい。

本当にただそれだけ。

地位も名誉もお金もいらないです。これらの実現に必要な分をいただくだけです。


誰かが考えた何かで、多くの人が苦しんでたり、悩んでたりしているのだとしたら、もったいなくて、いてもたってもいられない。そんな常識やめたらいいだけ。

あなたはそんなことをするために、生まれたんじゃない。

あなたはそんな想いをするために、生まれたんじゃない。

あなたはそんなことをするために、生きているんじゃない。

あなたはそんな想いをするために、生きているんじゃない。

あなたは幸せになっていいし、あなたが当たり前に幸せを感じられる美容が、世界のスタンダードになっていい。

きっとそう遠くない未来、30年後くらいかな？　いや、20年後くらいかな？　美容の概念はひっくり返り、僕たちの想いは報われ、次世代の女の子たちはすくすくと自分らしさを味わい、それは美しく幸せに生きることでしょう。

そして、そのさらに１００年後くらいに、今度は僕たちが提唱したこの考え方が、その世代の女の子たちを苦しめるかもしれません。そのときは、躊躇なくシフトチェンジして、この考えを手放してくださいね。

もしそのときにまだ美塾があるなら、そのときの塾長（五代目）に、時空を超えてここにこの想いを封じ込めておきます。

僕たちが言いたいのは、「鼻の頭にファンデーションを塗らないこと」ではありません。

「らしさが美しい」でもありません。

みんなで幸せになろうよ。そのためにこんな方法どう？と、常に考えて生きていこうよ！ということが言いたいのです。

この本に書かれていることは、僕がこの21世紀の初めに、あの両親先祖の元、この日本に生まれ、この自分の限られた視野で日本を、世界を眺めたときに生まれた想い、師や仲間との出会いによって磨かれ、そこから生まれた概念や考え方を、ご縁ある人に伝え続け、確信したり、変更したりしてたどり着いた、今のところの考えにすぎません。

もちろんそれなりの方には、お役に立てたかと思いますし、ある程度普遍的なものにはなったかと思いますし、本書でも何人かの方に、「救われた」「メイクの時間が喜びに変わった」と仰ってくださるかもしれませんが、あくまで今の時代のことにすぎません。

いつの時代も、これまでの常識に左右されることなく、今、目の前にいる人の笑顔のために、今、世界が、地球が抱えている課題や現状に目を向けて、考え続けましょう。考えを行動や形に変えましょう。

そして発明しましょう。創造しましょう。イノベーションを起こしましょう。

いつの時代も、どんなときでも、

僕たちは僕たちで僕たちの幸せを生み出せる。

じつは、本書で一番お伝えしたいことはこれです。

本書では、女性たちの等身大の質問に、ちょっと変わった角度からお答えすることを通して、あなたが幸せになれる考え方、あなたが美しくなれる考え方を提供するのと同時に、自ら幸せを生み出せる考え方、自ら自分の美しさを表せる考え方そのものの提供を試みました。

この本を読み終えたあなたが、あなたの幸せを自ら生み出せる気がして、しょうがなくなっていたら、僕の意図は果たされたことになります。

もし、まだそこまでの想いに至っていないという方で、それでもできることなら、ここに書かれている考え方を自分の人生に取り入れたいという方がいらっしゃいましたら、ぜひとも、直接会いにきてくださいませ。

僕は現実にこの社会で生きている者です。

本を読んだだけで、そこまで行けたわけですから（笑）、実物はもっとさらにあなたに変革をもたらす自信があります。

ここに書かれていることは、綺麗事でも絵空事でもありません。

多くの人の人生を実際に変えている事実であり、原理原則だと、僕は思っています。

前回の書籍でも、多くの方が本を読んだことをきっかけに会いに来てくださいました。

一刻も早く、あなたも自ら幸せを生み出せる一人となり、さらにこの世界、この社会に、さらに人々が幸せになるインパクトを与えていきましょう。

最後に、あなたはあなたのままですでに十分美しく、あなたの人生はすでに十分素晴らしい。

そして、あなたはあなたが思っているよりさらに美しく、あなたの人生は、あなたが思っているよりさらに素晴らしい。
僕はそれを知っているから、この本が書けたんです。

まだ間に合います。

お会いできるのを、そしてあなたと一緒に創り出せる未来を、楽しみにしております。

〔魅力マトリックス〕

すべての人が自身の魅力に気づくために作られました。自らを診断することで「なりたい自分」よりもより客観的な「あなたの魅力の立ち位置」や「まわりのみんなが待っているあなた」を知る手がかりになります。

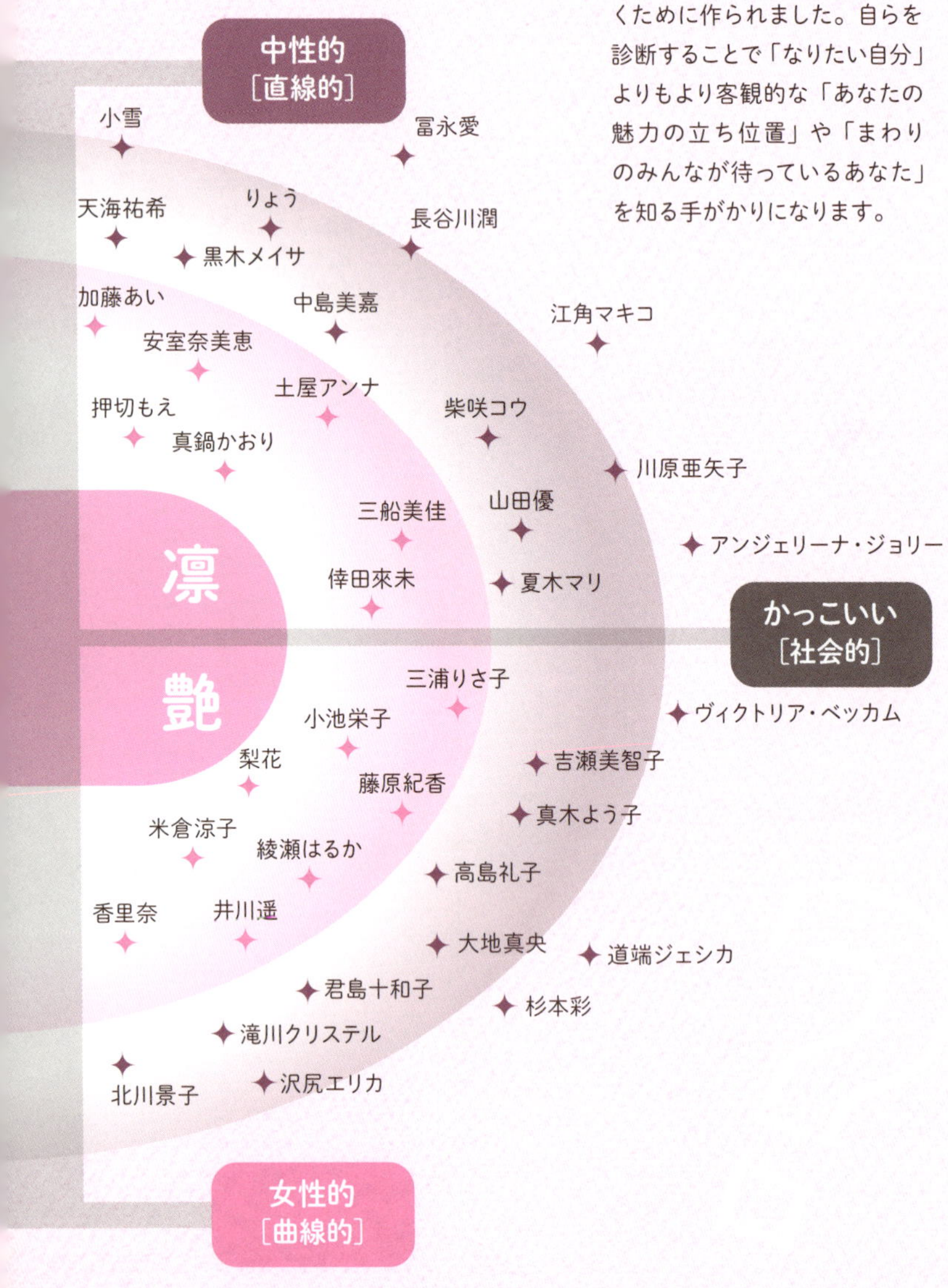

あなたの魅力はどのタイプ？

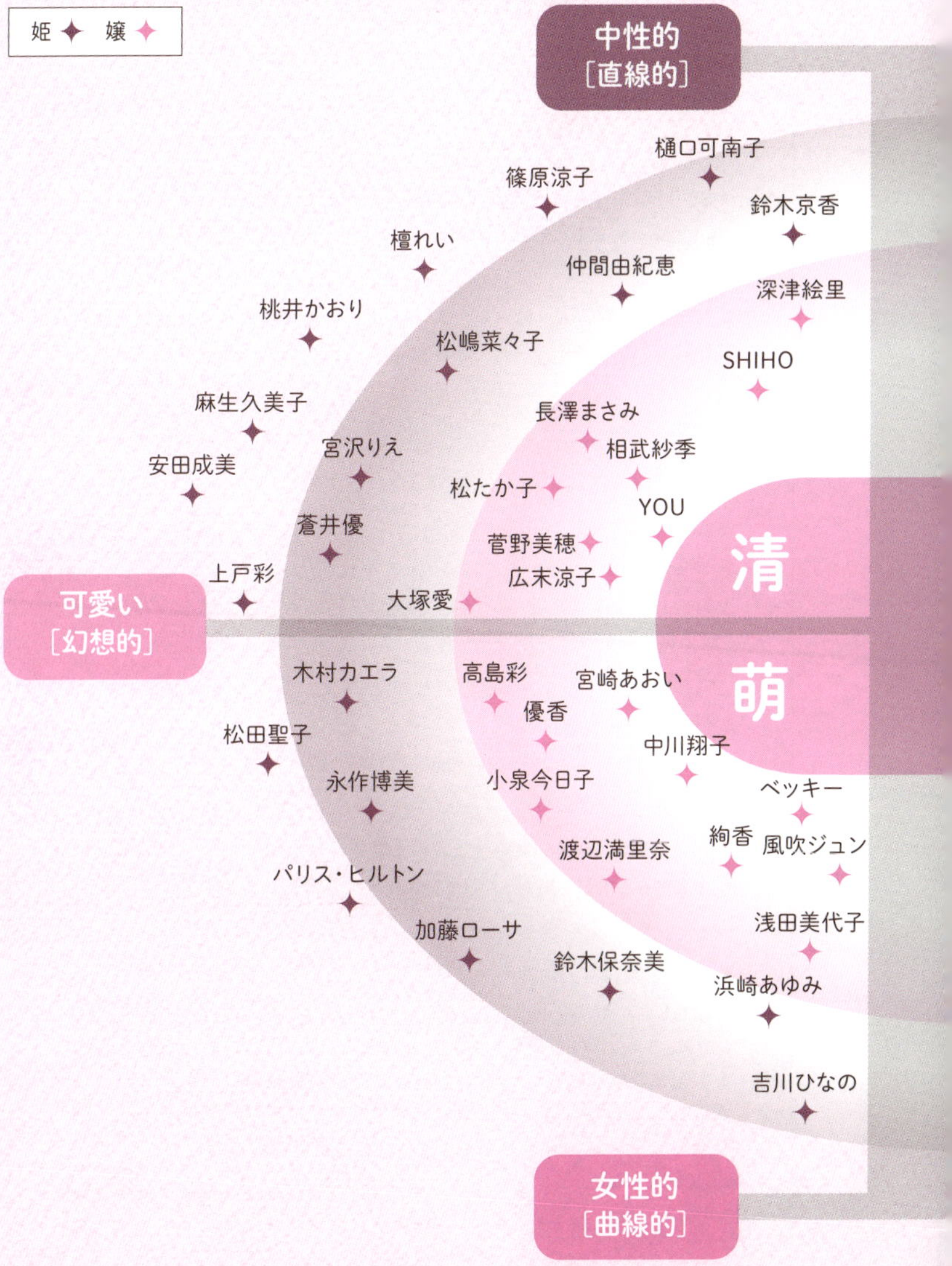

“艶”の解説と対策

● 魅力

華やかで色っぽい「いい女」、女性的（曲線的）、かっこいい（社会的）。頼られたり甘えられたりしやすく、マネしたくなるカリスマ性もあるため、カリスマブロガーも多く、雑誌の表紙に選ばれることも多い。「ワンピース」のナミ、峰不二子といった少年マンガのヒロインも“艶”が多い。キーワードは、「自覚と努力」。女性らしさを武器にすると最も威力を発揮する。

● 代表的な有名人

北川景子さん、井川遥さん、吉瀬美智子さん、ローラさん

● 持ちやすい不安

「いつも頼られてしまうから目立ちたくない」「男性に色目で見られるのでは」

● つらい過去

女性性による嫌な経験。いたずら、痴漢、初潮や胸が大きくなることが早いことによる同級生からの興味の目。

● 誤った対策

可愛いメイクやファッション。さばさばした口調や性格で女性性を消す。

● 本人が気づいていない生まれつき得ていること

何でもできる人だと思われてよく頼られる。女性性を早くから発揮している。

● 魅力を発揮するには……？

女性らしさが魅力であることをきちんと自覚し、可愛いよりもセクシー、ゴージャス、エレガントなメイクやファッションをしましょう！　また、頼られやすい自分を受け入れて、大いに頼まれごとを引き受けましょう。しかし、1人で抱えず、いろいろな人に役割を与える力を養いましょう。そして、カリスマ性を受け入れ、目立つことを恐れず、自己表現しましょう！

“萌”の解説と対策

● 魅力

可愛くて愛くるしい「愛されキャラ」、女性的（曲線的）、可愛い（幻想的）。思わず構いたくなる、いじってしまいたくなる、ついあだ名をつけたくなる、家に持って帰って飾っておきたくなるような、可愛らしさ、か弱さ。

小泉今日子さんや松田聖子さん、浅田美代子さんなど、年を重ねてもなお、あっけらかんとしている生活感のない可愛らしさも象徴的。

● 代表的な有名人

有村架純さん、橋本環奈さん、広瀬すずさん、能年玲奈さん

● 持ちやすい不安

「バカっぽく見られているのでは」「子供っぽく見られているのでは」

● つらい過去

いじめられたり、半人前扱いされたりすることが多い。

● 誤った対策

賢く見られようとしたり、大人っぽく見られようとしている。

● 本人が気づいていない生まれつき得ていること

みんなに助けたいと思わせる。人の愛を呼び起こす特性がある。

● 魅力を発揮するには……？

頑張り屋さんのあなた。高い能力と知識を養ってきたと思います。それは価値としてお持ちいただき、強がらずに、ときに素直に弱さを見せて、助けを求めましょう。泣いたっていい。不完全でいい。弱くていい。神輿に担がれたらいい。すると、まわりのみんながいかにあなたを愛したがっていたかを知ります。これはまわりの人の愛を呼び起こしたことになるのです。こうして、あなたは自分の新たな使命とも言える役割に出会います。

“清”の解説と対策

● 魅力

爽やかでナチュラルな癒し系、中性的(直線的)、可愛い(幻想的)。さらさらと清らか、純粋で透明な視線。すべてを許してくれそうな微笑み。まるで世界平和がきたかのように浮世離れした穏やかさ。誰からも好感を持たれる、素のままの飾らない美しさが特徴で、シャンプーやお茶、白物家電など生活必需品のCMに起用されることも多い。

● 代表的な有名人

篠原涼子さん、松嶋菜々子さん、上戸彩さん、仲間由紀恵さん

● 持ちやすい不安

「特徴がないと思われているのでは」「印象が薄いと思われているのでは」

● つらい過去

名前を覚えてもらえない、同じクラスだったのに「初めまして」と言われる。一緒にいた人が寝てしまったことがある。

● 誤った対策

メイクをしっかりして存在感を出す。自分はどうせ脇役だとあきらめる。

● 本人が気づいていない生まれつき得ていること

誰からも嫌われていない(嫌われにくい)。会った人を安心させ、癒やす。

● 魅力を発揮するには……?

存在そのものが癒しのあなた。焦らず、力まず、ムキにならず、穏やかな笑顔で目の前の人を大切にし続けます。話すことより聞くこと、アドバイスより受容、賢さより慈愛、を意識して人と接してみましょう。やがて何人かが、オアシスを見つけたかのように、あなたを求めるようになることでしょう。

“凛”の解説と対策

● 魅力

きりっとしたクールビューティー、中性的（直線的）、かっこいい（社会的）。女性に憧れられることが多く、確固たる意志がありそうな、一見近づき難いほどのオーラを持っている。言葉に説得力があり、文字通り凛とした佇まいの女性。世界的に活躍する日本人スーパーモデルや、いわゆるアジアンビューティーと呼ばれる方、宝塚の男役はここに属する方が多い。

● 代表的な有名人

桐谷美玲さん、黒木メイサさん、柴咲コウさん、杏さん

● 持ちやすい不安

「怖く見られるのでは」「話しかけづらいと思われているのではないか」

● つらい過去

誰からも話しかけられず孤立した。ワケもなく怖がられた。

● 誤った対策

少しでも話しかけやすく見られようと、印象を和らげるメイクをすること。

● 本人が気づいていない生まれつき得ていること

言葉に説得力がある。みんなが指示に従ってくれる。

● 魅力を発揮するには……？

話しかけられにくくなることを恐れずに、一段とクールでアジアンな魅力を活かして、気高く仕上げましょう。そして、仲良くなりたい人には……自分から話しかけましょう♫
リーダーシップを発揮して、みんなが幸せになり、そして世界が豊かになる方向へとみんなを導きましょう。

A～Dの合計で一番大きいものが、あなたの魅力カテゴリーです。同じ数値がある場合は、その2つの要素を併せ持った魅力があるということで、どちらの表現も取り入れることが可能です。あるいは、数値に差が出るまでたくさんの人に聞くのもよいでしょう。

Aの数値が多い人"凛" ➡ P.253

Cの数値が多い人"萌" ➡ P.251

Bの数値が多い人"艶" ➡ P.250

Dの数値が多い人"清" ➡ P.252

凛と艶が同数の人：Q1が1なら凛、2なら艶
凛と萌が同数の人：Q1が1なら凛、2なら萌
凛と清が同数の人：Q4が1なら凛、2なら清
艶と萌が同数の人：Q4が1なら艶、2なら萌
艶と清が同数の人：Q4が1なら艶、2なら清
清と萌が同数の人：Q1が1なら清、2なら萌

［2種の雰囲気"嬢"と"姫"］

本書では詳述していませんが、さらに「嬢／姫」という2つのカテゴリーに分けられます。以下の3つの質問で、人があなたにふさわしいと感じるのはどちらでしょう？
この質問もできるだけ多くの人に聞いてみましょう。
※実際の性格は別として、あくまで見た目のイメージで聞くのがポイントです。

Q1	A. 盛り上げ役のイメージ	B. 聞き役のイメージ
Q2	A. 太陽的な存在のイメージ	B. 月的な存在のイメージ
Q3	A. 可愛がってあげたいイメージ	B. 可愛がってもらいたそうなイメージ

Aが多い人"嬢" 笑顔はじけるムードメーカー

笑顔や声でみんなを楽しませる魅力のある太陽的な存在。メイクやファッションにおいても多少のすきやゆとりがあるとよりよい。完璧さより人間味が映えます。

Bが多い人"姫" 強い意志と存在感

人間的深みを醸し、緊張感を与える月的な存在。カリスマ性があるため、すきのないファッションやメイクが求められます。完璧さを追究することでオーラ10倍UP。

自分の魅力を知りましょう！

以下の6つの質問に答えることで、あなたの魅力が明らかになります。

1.自分でやらない　2.多くの人に聞く　3.身近な人に聞かない

この3点が正確な魅力診断をするコツです。

質問の答えを点数表に照らし合わせ、A～Dの数字を右の判定表に書き写します。次にそれぞれの合計数値を下に書き出します。この合計数値であなたのタイプがわかります。

Q1	**顔のタイプは？**	1、直線的	2、曲線的
Q2	**肌の色は？**	1、色白	2、色白ではない
Q3	**肌の質感は？**	1、さらさら肌	2、つやつや肌
Q4	**全体の雰囲気は？**	1、きりっとシャープ	2、ふわっとソフト
Q5	**顔立ちは？**	1、シンプル	2、華やか
Q6	**顔の雰囲気は？**	1、子ども顔	2、大人顔

★点数表

		A	B	C	D	✓
Q1	1、直線的	3	0	0	2	
	2、曲線的	0	2	2	0	
Q2	1、色白	0	0	3	3	
	2、色白ではない	2	2	0	0	
Q3	1、さらさら肌	2	0	1	3	
	2、つやつや肌	0	3	1	0	
Q4	1、きりっとシャープ	3	2	1	1	
	2、ふわっとソフト	0	0	1	1	
Q5	1、シンプル	2	0	1	3	
	2、華やか	0	2	1	0	
Q6	1、子ども顔	0	0	3	2	
	2、大人顔	3	2	0	0	

★判定表

	A	B	C	D
Q1				
Q2				
Q3				
Q4				
Q5				
Q6				
合計				

［著者］ **内田裕士**（うちだ・ひろし）

「『らしさが美しい』を文化に…。」を理念とした一般女性向けのメイク教室「美塾」創始者であり、現塾長。

過去に類を見ない、圧倒的にシンプルな独自のメイク技法と、哲学博士と心理カウンセラーに師事していることから生まれた、心理学的側面や和の精神を取り入れたドラマティックな授業内容は、上達すればするほどメイクの量も手数も減るだけでなく、自分の素顔が好きになっていくという従来のメイクとは真逆の進化を遂げ、さらには「自分のメイク道具でできる、受講生全員が習得できる！」と口コミが広がる。授業中に涙を流す生徒様も多く、生徒様から頂戴した「美塾に通うと人生が美しくなる」という感想が、美塾の社会的役割や女性に対する存在意義を物語っている。

13年目の現在、全国26拠点、講師30名。延べ生徒様7,367名と日本最大級。現在ではメイク教室にとどまらず、個性認識学講座、1％プレゼン塾、塾塾、LOVE革命通信講座と活動は多岐にわたる。またソフトバンクアカデミアの外部1期生として、孫正義校長から直々にリーダーシップを学ぶ傍ら、メイクを道とする「粧道」の確立を目指し、さらに研鑽を続けている。

1978年生まれ、つくば市出身。東京モード学園卒業、嶋田ちあきメイクアップアカデミー卒業、個性認識学本部講師、志共育公認講師、日本メンタルヘルス協会公認カウンセラー。

志は「女性教育を通して、世界を美しくする。」

初の著書『毎朝、自分の顔が好きになる』（フォレスト出版）は3万部のベストセラーとなった。

面倒《めんどう》、苦手《にがて》、難《むずか》しい、センスがない、
そもそもやらない……すべて解決《かいけつ》！

メイクが喜《よろこ》びに変《か》わる答《こた》え

2018年8月30日　第1刷発行

著　者　内田裕士《うちだひろし》
発行者　佐藤靖
発行所　大和《だいわ》書房
東京都文京区関口1-33-4
電話　03-3203-4511

イラスト　チルチッタ
ブックデザイン　野村友美（mom design）
カバー印刷　歩プロセス
本文印刷　光邦
製本所　ナショナル製本

ISBN978-4-479-78441-8

http://www.daiwashobo.co.jp